Der Mississippi

DIE GROSSEN FLÜSSE DER WELT

Der Mississippi

Fotos:

Erik Sampers

eco

INHALT

DIE ENTDECKUNG DES FLUSSES

Oben:
Am Anfang gingen die spanischen Eroberer häufig mit Waffengewalt gegen die Eingeborenen vor und nahmen ihnen Land und Schätze ab. Das Bild aus dem 16. Jahrhundert zeigt deutlich die Überlegenheit der Spanier. Die Indianer mit ihren veralteten Waffen haben sich auf einen Baum geflüchtet.

Gegenüber:
Bei dem Versuch, Florida zu umsegeln, das man damals für eine Insel hielt, entdeckte der Spanier Álvarez de Pineda möglicherweise die Mündung des Mississippi. Es könnte sich aber auch um eine Meeresbucht gehandelt haben, vielleicht die von Mobile in Alabama. Er nannte seine Entdeckung Río Grande del Espíritu Santo (Der Strom des Heiligen Geistes).

Die Historiker sind stur. Obwohl sie genau wissen, daß schon sehr früh zahlreiche Indianerstämme am Mississippi siedelten, halten sie hartnäckig daran fest, die Geschichte dieses Flusses mit dem Weißen Mann beginnen zu lassen. Der Zeitpunkt der ersten Berichterstattung über die spanische und französische Landnahme ist für Historiker die Stunde Null in der Geschichte des Mississippi und seiner Menschen. Der Weiße Mann spricht von der „Entdeckung des Mississippi" – als ob dieser der Menschheit erst bekannt ist, seitdem der Weiße Mann dort war.

Dazu muß man sagen, daß Historiker Wissenschaftler sind, die sich hauptsächlich an schriftliche Quellen und Dokumente aus den Archiven halten. Vor allem diese Zeugnisse der Vergangenheit haben für sie Beweiskraft. Die auf mündlicher Überlieferung beruhende Kultur der Eingeborenen ist in diesem Sinne natürlich nicht wissenschaftlich und kann dem Historiker nur wenig bieten. Daher sind es die Ethnologen, die Völkerkundler, von denen wir wissen, daß es im Mississippi-Tal vor der Ankunft des Weißen Mannes eine reiche Kultur gegeben hat, die „Mississippi-Kultur". Sie gründete sich auf intensiven Ackerbau; die Menschen lebten in großen Siedlungen, in denen es Kultgebäude gab; der Totenkult spielte im Leben dieser Gemeinschaften eine wichtige Rolle. Ausnahmsweise war es nicht der Weiße Mann, der diese Kultur zerstört hat – so sehr er auch in den Gebieten, die er unter seinen Einfluß bringen wollte, gewütet hat. Die Mississippi-Kultur war bereits vorher im Niedergang begriffen.

Auf die Taten des Weißen Mannes fixiert, hat die offizielle Geschichtsschreibung nur die aus der Alten Welt kommenden Entdecker und ihre Berichte zur Kenntnis genommen. Die Spanier waren die ersten, die den Mississippi näher erforschten. Sie kamen von Florida, ihrer damaligen Kolonie, deren Name auf Juan Ponce de León zurückgeht. Er hatte das Land am Palmsonntag *(Pascua florida)* des Jahres 1513 entdeckt.

Allgemeine Übersicht
Der Mississippi entwässert zwei Fünftel des nordamerikanischen Kontinents und zählt zehn Bundesstaaten zu seinen Anrainern: Minnesota im Norden; Wisconsin, Illinois, Kentucky, Tennessee und Mississippi im Osten; Iowa, Missouri, Arkansas und Louisiana im Westen.

Üblicherweise wird die Gesamtlänge des Mississippi berechnet aus der Länge des Missouri, seines größten Zuflusses, und dem Mississippi unterhalb des Zusammenflusses bis zur Mündung. Und so gehört der Mississippi mit 6414 Kilometer Länge zu den längsten Flüssen der Welt. Von seinem Ursprung im Itasca-See sind es 3780 Kilometer bis zur Mündung. Der Mississippi führt fast so viele Schwebstoffe mit sich wie der Amazonas oder der Kongo.

Das Klima
Das Mississippi-Becken reicht von den Appalachen bis zu den Rocky Mountains. So ist es nicht verwunderlich, daß er verschiedene Klimazonen durchfließt. Im Norden herrscht ein ausgeprägtes Kontinentalklima; das bedeutet: lange, kalte Winter. Sobald der Strom die Überschwemmungsebenen erreicht, wird das Klima zunehmend subtropisch; hier sind die Winter gemäßigt (um 12° C), die Sommer feucht und warm (durchschnittlich 27° C). Im Norden begünstigt das Klima den Anbau von Weizen und Mais, im Süden gedeihen Baumwolle, Tabak, Reis und Zuckerrohr.

Der Oberlauf
Von seinem Ausgangspunkt, dem Itasca-See in einer Höhe von etwa 450 Metern über dem Meeresspiegel, beginnt der Mississippi seinen Lauf mit sanftem Gefälle in Richtung Ost/Südost. Zunächst durchquert er bewaldete Ebenen mit Wiesen und Seen. Dann wird er von Endmoränen nach Süden umgeleitet, und in der Nähe von Minneapolis prägen ihn Stromschnellen. Ab dem Zusammenfluß mit dem Missouri bei Saint Louis fließt er langsamer, und seine mittlere Wasserführung liegt bei 3000 Kubikmeter pro Sekunde. Der vom Missouri mitgebrachte Schlamm macht seine Wasser trübe. Unterhalb der Einmündung des Ohio führt der Mississippi bis zu 8000 Kubikmeter Wasser pro Sekunde, bei Hochwasser bis zu 60 000 Kubikmeter.

Der Unterlauf
Hinter Cairo fließt der Mississippi gleichmäßig und geradezu träge dahin. Doch darf man sich von diesem friedlichen Eindruck nicht täuschen lassen. Nach längeren Regenfällen steigt der Wasserspiegel um viele Meter. Weiter südlich bildet der Mississippi dann unzählige Mäander. Die Ufer werden steiler, der Fluß gräbt sich zum Delta hin ein tiefes Bett.

Dort nähert sich das schwache Gefälle dem Nullpunkt. Die Mäander sind nun nicht mehr so stark ausgeprägt und verlieren sich in der Sumpflandschaft des südwestlichen Louisiana, den Bayous; sie teilen sich in zahlreiche Nebenflüsse und tote Seitenarme auf. Diese Sumpflandschaft kann bei Hochwasser als Überlaufbecken dienen.

Vor der Einmündung in den Ozean teilt sich der Hauptarm in drei Arme; einer davon reicht weit hinaus in den Golf von Mexiko, in den der Mississippi jährlich mehr als 360 Millionen Kubikmeter Ablagerungen transportiert. Früher, als der Mississippi im Bereich seines Deltas noch nicht vollständig eingedeicht war, lagerten sich die Schwemmstoffe in Schichten ab und ließen das Delta um jährlich knapp hundert Meter in den Golf von Mexiko hinauswachsen. Heute verhindern Deiche die Ablagerung, und die Schwemmstoffe werden ins Meer hinausgespült.

Der Mississippi in Zahlen

Länge des Stroms
6414 Kilometer; ohne den Missouri 3780 Kilometer

Gesamtfläche des Mississippi-Beckens
3 222 000 Quadratkilometer

Größe des Deltas
10 000 Quadratkilometer

Überschwemmungsgebiet
Zwischen 70 000 und 80 000 Quadratkilometer

Wasserführung
Mittlere Wasserführung an der Mündung: 18 000 Kubikmeter pro Sekunde; maximale Wasserführung: 40 000 Kubikmeter pro Sekunde

Hauptzuflüsse
(von Nord nach Süd)
Saint Croix River, Minnesota River, Chippewa River, Wisconsin River, Iowa River, Des Moines River, Illinois River, Missouri River, Ohio River, Arkansas River, Yazoo River, Red River

Ontario
Quebec
KANADA
Montreal
St.-Lorenz-Strom
Oberer See
Red Lakes
Cass Lake
Bemidji Lake
Bemidji
Winnibigoshish Lake
Grand Rapids
Itasca Lake
Mississippi-Quellgebiet
Leech Lake
Duluth
Crow Wing
Mille Lacs
Brainerd
Little Falls
St. Cloud
Mississippi
St. Croix River
Chippewa
MICHIGAN
Huron-See
Michigan-See
Minneapolis
St. Paul
Eau Claire
Hastings
Minnesota
MINNESOTA
WISCONSIN
Wabasha
Alma
Rochester
Winona
La Crosse
Castle Rock Reservoir
Toronto
Ontario-See
NEW YORK
Albany
Niagara-Fälle
Sioux Falls
Prairie du Chien
Wisconsin
Effigy Mounds
Madison
Milwaukee
Lansing
Detroit
Erie-See
James
Cedar
Waterloo
Dubuque
Sioux City
Little Sioux
Des Moines
Cedar Rapids
Iowa
Allegheny
PENNSYLVANIA
New York
Chicago
Cleveland
Harrisburg
Philadelphia
40°
Omaha
Des Moines
Davenport
Rock
Fox
Joliet
La Salle
South Bend
IOWA
Illinois
Peoria (Peouarea)
Wabash
OHIO
NEW JERSEY
MARYLAND
Lincoln
Burlington
Fort Madison
Keokuk
Columbus
Dayton
Ohio
Monongahela
Washington
Quincy
Springfield
Indianapolis
Great Miami
AMERIKA
Hannibal
ILLINOIS
INDIANA
Cincinnati
WEST VIRGINIA
Richmond
Kansas
Topeka
Kansas City
Independence
Alton
Charleston
St. Louis
Missouri
Jefferson City
Lexington
Frankfort
VIRGINIA
Ohio
Kentucky
Evansville
KENTUCKY
Osage
Mississippi
Green
Cumberland
Wichita
MISSOURI
Cape Girardeau
Neosho
Springfield
Black
Cairo
Raleigh
Kentucky Lake
Clarksville
Knoxville
Tennessee
NORTH CAROLINA
Nashville
Tulsa
White
TENNESSEE
Oklahoma City
Robert S. Kerr Lake
ARKANSAS
Chattanooga
SOUTH CAROLINA
Wheeler Lake
Memphis
Huntsville
Eufaula Lake
Little Rock
Florence
Columbia
Helena
OKLAHOMA
Lake Ouachita
Arkansas
Pine Bluff
Atlanta
ATLANTISCHER OZEAN
Birmingham
Texoma Lake
Ouachita
Greenville
Winona
ALABAMA
GEORGIA
Yazoo
Yazoo City
Montgomery
Dallas
Shreveport
Vicksburg
Jackson
LOUISIANA
Natchez
MISSISSIPPI
Red
30°
Jacksonville
Mobile
TEXAS
Tallahassee
Lake Pontchartrain
Mississippi
Mobile Bay
Baton Rouge
Apalachee Bay
Austin
Beaumont
Lafayette
St. Martinville
New Orleans
Port Sulphur
Cape Canaveral
Houston
Venice
Atchafalaya Bay
Barataria Bay
FLORIDA
Lake Okeechobee
Golf von Mexiko
EVERGLADES
Miami
Cape Sable
90°
80°

Als die weißen Männer in die Ebenen am Mississippi kamen, entdeckten sie ein seltsames Volk von Rothäuten, die auf Bisonjagd gingen. Der Prärie-Bison, später fälschlich *buffalo* (Büffel) genannt, wurde von Cabeza de Vaca in seinen Reiseberichten detailliert beschrieben. Cabeza de Vaca war der erste Europäer, der mit den Indianern zusammenlebte.

Ein besiedeltes Flußtal

Der erste Weiße, der behauptete, am Mississippi gewesen zu sein, irrte sich möglicherweise. Im Jahre 1519 stachen vier spanische Schiffe in See, um Florida zu umsegeln, das man damals noch für eine Insel hielt. Unterwegs traf die kleine Flotte auf einen gewaltigen Fluß, den der Kommandant, Álvarez de Pineda, Río Grande del Espíritu Santo nannte. War das wirklich die Entdeckung des Mississippi – oder hatte es sich um eine breite Meeresbucht gehandelt, vielleicht die von Mobile in Alabama? Historiker halten das für möglich, aber man weiß es nicht.

Der zweite, der sich in die Sümpfe von Louisiana wagte, hieß Álvar Núñez Cabeza de Vaca. Er war von einer erfolglosen Expedition des spanischen Goldsuchers Pánifilo de Narváez übriggeblieben und fand sich als Sklave in einer indianischen Familie wieder. Dennoch wurde er im Dorf geachtet, denn er beherrschte nicht nur die Heilmethoden der indianischen Schamanen – er wußte sie auch mit katholischen Gebetssprüchen zu begleiten. Nach sechs Jahren, im Juli 1536, flüchtete er nach Mexiko. Dort setzte er sich für die Indianer ein und protestierte scharf gegen das „Requerimiento", das der eingeborenen Bevölkerung keine Wahl ließ: Sie hatte sich Kaiser Karl V. zu unterwerfen, mußte die religiösen Riten ihrer Vorfahren aufgeben und den katholischen Glauben annehmen. Wer sich gegen die Zwangsbekehrung sträubte, wurde in die Sklaverei verschleppt oder getötet.

Durch Berichte von seiner neunjährigen Odyssee wissen wir, daß Cabeza de Vaca zwar der erste Europäer war, der Bisons gesehen hat – doch den Mississippi anscheinend nicht. Er muß ihn auf seinen Vorstößen ins Deltagebiet überquert haben, doch er hielt die zahlreichen Wasserarme wohl für Sumpfgräben.

Die Berichte Cabeza de Vacas veranlaßten Kaiser Karl V., Hernando de Soto mit einer weiteren Expedition zu beauftragen. De Soto gelangte als blutrünstiger Eroberer zu zweifelhaftem Ruhm.

Die Jagd nach Gold

Spanien wollte unbedingt vor der britischen und französischen Konkurrenz in jener Gegend Fuß fassen. Durch Cabeza de Vacas Berichte animiert, startete von Mexiko aus ein Expeditionskorps gen Norden. Der Trupp unter der Führung von Francisco Vásquez Coronado bestand aus dreihundert Weißen und mehreren hundert Indianern. Ziel waren die legendären sieben Traumstädte von Cibola, wo das Gold – „wie der Mais" – eine gewöhnliche Alltagsware sein sollte. Aber die Konquistadoren und ihre

Hernando de Soto, Gouverneur von Kuba und Pizarros ehemaliger Mitstreiter in Peru, war der erste Spanier, der zu den Ufern des Mississippi vordrang, und zwar 1541. Was der skrupellose Konquistador suchte, war Gold. In seiner Habgier ließ er die meisten Indianerstämme, die er unterwegs antraf, kurzerhand massakrieren.

Diese historische Darstellung zeigt ein Indianerdorf in Florida. Es stimmt in allen Einzelheiten mit den Siedlungen der Natchez-Indianer überein, denen de Soto 1541 begegnete. Die Natchez, ein seßhafter Stamm, besaßen in der Umgebung der heutigen Stadt Natchez neun Dörfer und lebten überwiegend als Jäger und Sammler.

Unten:
Anhand dieser alten Karte vom Küstengebiet Louisianas und Floridas kann man die Route der ersten Entdecker des Mississippi verfolgen. Rechts erkennt man die Bucht von Mobile, Schauplatz blutiger Auseinandersetzungen zwischen Hernando de Sotos Leuten und den Choctaw, zu deren Stammesgebiet Mobile gehörte.

Die Sumpfgebiete waren für de Sotos Leute, die das tropische Klima Louisianas nicht gewohnt waren, ein großes Problem. Während der langen Expedition starben viele Spanier an Fieberkrankheiten. Auch de Soto selbst erlag auf der Rückreise im Mai 1542 einem Fieber.

Männer wurden bald enttäuscht. Nicht ein einziger der Eingeborenen, die sie trafen, trug Goldschmuck. Bevor Coronado nach Mexiko zurückkehrte, überquerte er mit seinen Leuten die großen Ebenen des heutigen Texas und stieß bis zu den Ufern des Arkansas vor. Auch am Rand des Mississippi-Beckens ist er gewesen; den Fluß selbst hat er allerdings nicht erreicht.

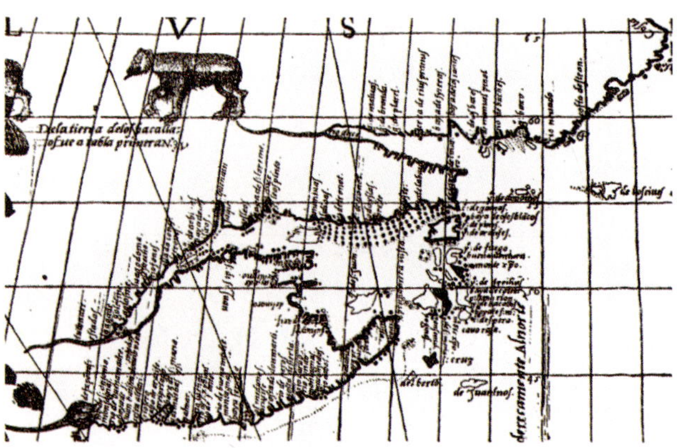

Schon lange vor der Entdeckungsreise Hernando de Sotos war es das Hauptanliegen der Europäer, eine neue Route nach Kathai zu finden. Nach mehreren Expeditionen, die diesem Ziel dienten, entstand diese Amerika-Karte. Sie wurde von dem Seefahrer und Kartographen Sebastiano Caboto im Jahre 1544 gezeichnet.

Leichen säumten seinen Weg

„De Soto" heißt ein Automodell von Chrysler, das zwischen 1928 und 1960 für die Amerikaner der Inbegriff eines bequemen Transportmittels war. Doch an diesem Namen haftete einst viel Blut. Die Methoden des Konquistadors de Soto waren Plündern, Morden, standrechtliches Erschießen und Aufhängen. Bei den Maya von Yucatán und Guatemala wütete er zuerst. Kaiser Karl V. ernannte ihn zum Gouverneur von Kuba und stattete ihn mit weitreichenden Vollmachten aus. Mit seinen zusammengestohlenen Goldschätzen finanzierte er dann eine Expedition nach Florida. Mit zehn Schiffen landete er am 31. Mai 1539 bei Tampa. Ein Heer von tausend Infanteristen und Reitern war mit dabei, aber auch Priester sowie Schmiede, die für die zukünftigen Sklaven Halseisen und Ketten anfertigen sollten.

Bald machte sich Enttäuschung unter de Sotos Männern breit: Das heißersehnte Eldorado entpuppte sich als unwirtliches Sumpfgebiet voller Alligatoren und Mücken. Indianer vom Stamm der Seminole hielten die Spanier auf, und ein Vorstoß nach Norden endete an den Appalachen. In der Bucht von Mobile am Golf von Mexiko, die zum Stammesgebiet der Choctaw gehörte, kam es zu einer blutigen Schlacht, in der das Heer de Sotos auf fünfhundert Mann zusammenschrumpfte. Man wich nach Nordwesten aus und durchquerte das Gebiet der Choctaw und Natchez. Der Widerstand der Indianer wurde noch heftiger: Sie kämpften mit Tomahawks und Giftpfeilen gegen Musketen und Schwerter. Die kleine Armee erlitt täglich neue Verluste, Sumpffieber und Fahnenflucht besorgten den Rest. Die meisten Pferde waren eingegangen. Die Männer zogen sich in ein Dorf der Chickasaw zurück, um dort den Winter zu verbringen. Doch als sie Lastträger und Frauen forderten, griffen die Indianer empört zu den Waffen und schlugen die Eindringlinge in die Flucht.

Als die Franzosen sich in der Neuen Welt niederließen, kamen sie – wie die Spanier im Süden des Landes – mit zahlreichen Indianerstämmen in Kontakt. Dank der Vermittlerrolle der Jesuiten verhielten sie sich den Eingeborenen gegenüber meist friedlich. Doch wenn sie es für nötig hielten, schreckten auch sie nicht davor zurück, die Indianer niederzumetzeln und ihre Dörfer zu zerstören.

Im Mai 1541 stieß der Expeditionstrupp auf einen Fluß. Es muß nördlich der Einmündung des Arkansas in den Mississippi gewesen sein, etwa an der Stelle des heutigen Memphis. De Soto nannte den Fluß „Río Grande" (großer Fluß). Die Spanier trafen gerade Vorbereitungen zum Übersetzen, als etwa zweihundert Krieger vom Stamm der Quapaw in Kanus ankamen, prachtvoll gerüstet mit Federschmuck und verzierten Schilden. Auf dem Ufer breiteten sie Geschenke aus: Bisonhäute, Felle, Fische und getrocknete Früchte. Doch de Sotos Leute eröffneten das Feuer auf die Ankömmlinge und töteten mehrere Krieger.

Im Juni überquerten die Spanier endlich den Fluß und begannen mit einem Plünderungszug durch die verlassenen Indianerdörfer des Arkansas-Gebietes. Am 21. Mai 1542 erkrankte Hernando de Soto, das Scheitern seiner Expedition vor Augen – denn der erhoffte Goldschatz war immer noch nicht gefunden.

Der Fluß trug den „Sohn der Sonne" mit sich fort

De Soto wurde im Indianerdorf Guachoya, dem heutigen Ferriday, aufgenommen. Zu den Indianern am anderen Ufer des Río Grande schickte er einen Boten, der Lastenträger anwerben sollte. Um den Häuptling zu beeindrucken, gab sich der Konquistador als Sohn der Sonne aus, dem in seinem Land „jeder gehorcht und regelmäßig Tribut zahlt". Die Indianer ließen ihm mitteilen, daß „der Sohn der Sonne" doch den Fluß zum Austrocknen bringen solle, so daß er ihn zu Fuß durchqueren könne.

Für diese Antwort rächte sich de Soto. Er befahl einen Angriff auf das nächstgelegene Indianerdorf auf seiner Flußseite. Einmal mehr schlug die christliche Armee zu: „Die Schreie der Frauen und Kinder waren ohrenbetäubend. Gut hundert Männer wurden getötet. Die Schwerverletzten ließ man am Leben, damit sie mit ihren Berichten die ganze Gegend in Schrecken versetzten." Diese Worte stammen von dem Chronisten der Expedition.

Es war die letzte Tat des fiebergeplagten de Soto. Der Tote wurde von seinen Männern in einen ausgehöhlten Eichenstamm gelegt. Im Schutze der Nacht übergab man den Baumsarg dem Fluß, um zu verhindern, daß die Indianer aus Rache die Leiche schändeten. Die Männer bauten Schiffe und fuhren den Mississippi hinunter. Ende 1543 waren sie zurück in Veracruz.

Der Leichnam Hernando de Sotos soll unweit von Natchez in der Gegend des heutigen Ferriday in einem ausgehöhlten Baumstamm dem Fluß übergeben worden sein. Von dort aus traten die Überlebenden der Expedition wieder den Rückweg an. Auf dem beschwerlichen Weg zum Delta mußten sie zahlreiche Sumpfgebiete voller Ungeziefer und Alligatoren durchqueren.

Der Fluss und seine Legenden

Daß die ersten Pioniere am Mississippi ganz gewöhnliche Menschen gewesen sein sollen, schien den meisten Siedlern unvorstellbar. Die Geschichte des Mississippi hat viele legendäre Züge. Ganz gleich, ob sie sich als dokumentierte Überlieferung oder als erfundene Erzählung präsentierte – entscheidend war immer, daß sie phantasievoll war und den Ahnen mit Respekt begegnete. Wie in den Sagen aller Kulturen verherrlichen die Legenden des Mississippi Tugend und Mut der Vorfahren. Es gibt aber auch Helden der frühen Zeit, von denen man nicht mehr erzählt. Dazu gehört Tecumseh, der Rebell. Er ist heute fast vergessen – Tecumseh war ein Indianer.

Paul Bunyan, der friedliche Riese

In den Frühtagen der Landnahme erzählten sich die Holzfäller aus der Gegend von Bemidji im Bundesstaat Minnesota bei ihren abendlichen Zusammenkünften die Geschichte von einem außergewöhnlichen Mann. Er war riesengroß, konnte extrem schwere Lasten tragen, besaß einen ungeheuren Appetit und zeichnete sich durch beachtlichen Mut und bemerkenswerte Autorität aus. Er war allgemein beliebt, und alle kannten ihn nur als Paul Bonhomme („guter Mann"); im Englischen wurde daraus Paul Bunyan. Mit der Zeit schmückte man die Geschichte von dem sanftmütigen Riesen immer weiter aus: Es entstand eine Legende.

Sicherlich wäre diese Legende in Vergessenheit geraten, hätte nicht 1914 ein städtischer Angestellter aus Bemidji, William Laughead, in der Zeitung die Geschichte von Paul Bonhomme gelesen. Er beschloß, die Figur wieder aufleben zu lassen und für Paul Bunyan weitere Abenteuergeschichten zu erfinden. Bis in die vierziger Jahre hinein waren seine Geschichten weit über Bemidji und Minnesota hinaus bekannt.

William Laughead machte aus dem Holzfäller einen Kraftmenschen, der in der Lage war, mit einem Hieb 31 Bäume zu fällen. Als Kameraden stellte er ihm einen blauen Ochsen mit dem Namen Babe zur Seite. Babe war genauso riesig wie sein Herr und in einem „Winter mit blauem Schnee" geboren, daher sein Beiname Blue Ox. Auf ihren Streifzügen hinterließen Paul Bunyan und sein treuer Kamerad gigantische Fußabdrücke, die sich dann im Frühjahr, „wenn der Regen aus China kam", mit Wasser füllten. Auf diese Weise soll Minnesota zu seinen 15 000 Seen gekommen sein.

Auch der unbändige Appetit der beiden Freunde hat schon reichlich Tinte gekostet. Der friedliche Vielfraß konnte auf einen Schlag dreißig Tonnen Baked Beans – gebackene Bohnen waren Grundnahrungsmittel der Holzfäller – verspeisen, ganz abgesehen von all den Pfannkuchen und Würsten. Babes bescheidene Tagesration hingegen bestand aus lediglich vier Tonnen Getreide.

Als Paul Bunyan sich einmal aus Versehen auf ein mit Fleisch und Brot gefülltes Faß setzte, sackte das Faß in sich zusammen, und eine folgenschwere Erfindung war gemacht: die des Hamburgers.

Der liebenswürdige Held ist in der Gegend von Bemidji heute noch eine beliebte Kultfigur. Ihm zu Ehren wird alljährlich Mitte Januar ein Festival mit Ochsenrennen veranstaltet. 1937 wurde eine beeindruckende Statue aus Stahlbeton am Eingang der Stadt aufgestellt: Sie ist sechs Meter hoch und stellt den Riesen in Begleitung seines getreuen Ochsen dar. Das lustige Denkmal mit seinen leuchtenden Farben ist seitdem das meistfotografierte Objekt Minnesotas.

Die riesige Statue von Paul Bunyan und dem blauen Ochsen Babe, mit der die Stadt Bemidji der Legende aus den Gründertagen gedenkt.

Mit seiner fünf Meter langen Axt war Paul Bunyan imstande, mit einem Streich 31 Bäume zu fällen. Zumindest erzählt es so die Legende.

Vereintes Aufbäumen unter Tecumseh

Aber keineswegs nur die europäischen Siedler hatten ihre mythischen Figuren: Auch die Indianer berichteten stolz von den Heldentaten ihrer Väter. Nach der amerikanischen Unabhängigkeitserklärung im Jahre 1776 wurden zahlreiche Regionen den Einwanderern aus aller Herren Länder als Siedlungsland zugewiesen. Die Indianerstämme in den jeweiligen Gebieten verloren immer mehr Rechte und Land.

Nach dem Vertrag von Fort Greenville aus dem Jahre 1795, der die Shawnee einen Großteil ihres Landes gekostet hatte, begriffen die Indianer, wie gefährdet sie in ihrer Existenz waren, und beschlossen, sich den über die Appalachen vordringenden Siedlern zu widersetzen. Eine Chance hatten sie aber nur, wenn es gelang, alle Stämme in einer großen Allianz zu vereinigen. Der Shawnee-Häuptling Tecumseh und sein Bruder Lalewethikha waren es vor allem, die den Indianern des nördlichen Ohio-Gebietes – besonders den Kickapvo und den Fox – und des rechten Mississippi-Ufers – beispielsweise den Sauk – Mut zusprachen.

Tecumseh war am Ohio aufgewachsen, einem linken Nebenfluß des Mississippi, wo er das schwere Schicksal seiner Brüder teilte. Er nahm sich der Sache seiner Landsleute an, weil es ihm vor allem um die Erhaltung indianischer Werte ging. Stamm und Religion zählten zu den Hauptanliegen dieser Sammelbewegung. Außerdem wollte er versuchen, die Stämme durch solidarisches Handeln enger zusammenzuschweißen. Alte Zwistigkeiten sollten begraben werden.

Genaugenommen war es Tecumsehs Bruder, der den Stein ins Rollen brachte. Lalewethikha galt als unverbesserlicher Säufer; durch eine innere Erleuchtung geläutert, stieg er jedoch zum großen Propheten auf und nahm den Namen Tenskwatawa an, was „offene Türe" bedeutet. Um begreifen zu können, was die Erleuchtung den Indianern bedeutete, werfen wir einen Blick zurück auf ihr Bild von den Anfängen der Menschheit.

Einer alten Legende zufolge hat der Meister des Lebens die Shawnee lange vor den anderen Stämmen erschaffen. Er schleuderte sie aus seinem Geist, gab ihnen sein ganzes Wissen und setzte sie auf die große Insel (den amerikanischen Kontinent). Anschließend erschuf der Meister des Lebens die Franzosen und die Engländer; er zog sie beide aus seiner Brust, die Niederländer aus seinen Füßen. Als mindere Rasse verbannte er die Weißen in das Land „jenseits des stinkenden Sees" – gemeint ist der Atlantische Ozean.Tecumseh zog aus dieser Legende die einzig mögliche Lehre: Es ist die Pflicht der Shawnee, die Indianer vom Joch der Weißen zu befreien.

Tecumseh glaubte, mit Hilfe seines Bruders, des großen Propheten, die indianische Einheit verwirklichen zu können. Da die Shawnee selbst nicht sonderlich auf die zwei Brüder hörten, gründeten die beiden mit Angehörigen verschiedener anderer Stämme zahlreiche Dörfer. Da Tecumseh sich darüber im klaren war, wie schwach ein isolierter Widerstand sein würde, versuchte er alsbald, wieder mit den Engländern, seinen alten Bundesgenossen, in Kontakt zu kommen. Im Vertrauen auf Hilfe von Seiten der Engländer hatte Tecumseh seinem Bruder volle Handlungsfreiheit bei seinem Kampf gegen die Amerikaner gelassen. Tenskwatawa stürzte sich 1811 in eine Schlacht, in der die Indianer aufgerieben wurden. Damit hatte Tenskwatawa bei den Seinen sämtliche Autorität eingebüßt, und Tecumseh war gezwungen, allein die Führung der Indianer zu übernehmen.

Britischer Brigadegeneral

Als 1812 der englisch-amerikanische Krieg ausbrach, kämpfte Tecumseh auf englischer Seite gegen den gemeinsamen Feind. Doch die Allianz hatte von vornherein keine Chance: Die Amerikaner hatten den Engländern nämlich sämtliche Zugangswege zum Erie-See abgeschnitten und ihnen so jede Möglichkeit genommen, an Nachschub heranzukommen. Bei der Schlacht von Thamesville in Ontario fand Tecumseh ein Jahr später den Tod. Auf seiner Brust prangte das Rangabzeichen eines Brigadegenerals des britischen Heeres.

Danach dauerte es nicht lange, bis der Widerstand bröckelte: Die alten Verträge waren bald vergessen, und die Engländer brachen ihr Versprechen, den Indianern gegen die immer weiter vordringenden Siedler beizustehen.

Lange vor allen anderen hatte Tecumseh begriffen, wie sehr die fortschreitende Besiedlung sein Volk bedrohte. Er wußte, daß trotz aller Versprechungen des Präsidenten Jefferson, der den berühmten Schmelztiegel und eine sich über den ganzen Kontinent ausbreitende multikulturelle Gesellschaft predigte, seine Brüder den Preis für die amerikanische Unabhängigkeit bezahlen würden. Heute ist der Held, dem es einst gelungen war, zwischen Mississippi und Erie-See die größte indianische Widerstandsbewegung zu organisieren, in kaum einem Schulbuch erwähnt.

Evangeline oder die Liebe einer Akadierin

Das 1847 erschienene Versepos *Evangeline, eine Erzählung aus Akadien* machte Evangeline Bellefontaine mit einem Schlag zu einer unsterblichen Symbolfigur. Der amerikanische Dichter Henry W. Longfellow (1807–1882) wurde von einem Bostoner Priester auf die Geschichte Evangelines aufmerksam gemacht. Eine weitere Quelle fand er in einem historischen Abriß Neuschottlands von Thomas Chandler Haliburton, woran er sich weitgehend orientierte.

Longfellow änderte lediglich die Namen der Helden dieser Geschichte. Evangeline Bellefontaine hieß in Wirklichkeit Emeline Lemaire und war eine junge Akadierin, das heißt eine französischstämmige Siedlerin in Neuschottland, Kanada. Im Jahre 1755 verlobte sie sich mit ihrer Jugendliebe Gabriel Lajeunesse – der in Wahrheit Louis Arceneaux hieß. Aufgrund der noch im gleichen Jahr angeordneten Vertreibung der Akadier aus Neuschottland konnte die Hochzeit nicht mehr stattfinden. Mit Tausenden ihrer Landsleute mußte die junge Frau ihre Heimat verlassen und wurde von ihrem Geliebten getrennt. Die folgenden Jahre waren eine einzige Irrfahrt durch mehrere Kolonien. Ihren Verlobten, der unauffindbar blieb, behielt Emeline/Evangeline die ganze Zeit hindurch in treuer Erinnerung.

Nach langer ergebnisloser Suche ließ die Frau sich schließlich am unteren Mississippi in der Umgebung von Saint Martinville nieder. Die Hoffnung auf ein Wiedersehen mit ihrem Verlobten gab sie nie auf. Täglich ging sie zu einer großen Eiche am Flußufer und hielt Ausschau nach dem vermißten Geliebten.

Emeline/Evangeline mußte lange vergeblich warten, doch in ihrer Liebe zu Louis/Gabriel war die treue Frau unerschütterlich. Nach langen Jahren schien die Treue dann plötzlich belohnt zu werden, als nämlich der Vermißte auf einem Schiff in Saint Martinville einfuhr. Aber im Gegensatz zu seiner Jugendliebe hatte er bereits als junger Mann geheiratet und eine Familie gegründet.

Henry W. Longfellow war Professor an der Harvard-Universität.

Evangeline Bellefontaine, wie sie der Schotte Thomas Faed sah, der die Erstausgabe von Henry Wadsworth Longfellows Versepos 1847 illustrierte.

Dichtung und Wahrheit

Bis hierher stimmen Wirklichkeit und Dichtung miteinander überein. In der Wirklichkeit ging es so weiter: Emeline verlor den Verstand, und nach nur wenigen Tagen starb sie. Am Fuße jener Eiche, unter der sie jahrelang auf die Ankunft des Geliebten gewartet hatte, wurde sie begraben.

Longfellow ging mit seiner Heldin insoweit milder um, als er sie nicht den Verstand verlieren ließ und sie im Tod mit ihrem Gabriel vereinte: Nach Jahren der Wanderschaft nimmt Evangeline in Philadelphia den Schleier der Barmherzigen Schwestern und pflegt Kranke. Als die Stadt von der Pest heimgesucht wird, findet Evangeline unter den Kranken einen alten Mann, den sie als Gabriel wiedererkennt. Ihre Jugendliebe stirbt in ihren Armen, und sie überlebt den Schmerz nicht. An der Seite Gabriels wird sie auf dem katholischen Friedhof von Philadelphia begraben

Evangeline mit ihrer unwandelbaren Liebe ist eine literarische Figur der Romantik. Im weiteren Sinne ist sie ein Symbol für das Leid der heimatlosen Flüchtlinge in aller Welt zu verstehen. Im Jahre 1934 wurde ein nördlich von Saint Martinville gelegener Park nach ihr benannt, der Longfellow-Evangeline Memorial Park. Im Park steht ein altes Haus mit einer Eiche, die den Namen Gabriel trägt. Vor den Toren der Stadt, am Ufer eines Nebenflusses des Mississippi, wurde der Heldin ein Denkmal errichtet; es trägt die Gesichtszüge der Schauspielerin Dolores del Río, die in einem Film Evangeline verkörperte.

Gegen Ende des 19. Jahrhunderts war das Schicksal der Indianer besiegelt. In Reservate zurückgedrängt, fristen sie seitdem ein kümmerliches Leben.

Rechts:
Mit der Ankunft der Franzosen gegen Ende des 16. Jahrhunderts beginnt die friedliche Missionierung der nordamerikanischen Indianerstämme durch die Jesuiten, die nicht zu vergleichen war mit der Zwangsmissionierung durch die Spanier.

Unten:
Im Auftrag des Grafen von Frontenac, des Gouverneurs von Neu-Frankreich, besuchten Louis Jolliet und Pater Jacques Marquette auf ihren Entdeckungsreisen am oberen Mississippi-Lauf die dort ansässigen Indianerstämme.

Konkurrenzkampf der Kolonialmächte

Die Spanier traten gegenüber den Indianern am aggressivsten auf. Sie plünderten die Dörfer aus, massakrierten oder versklavten die Eingeborenen und bekehrten sie mit Gewalt zum Christentum. Die Methoden der anderen Kolonialmächte waren zumindest nach außen hin weniger brutal. Die Briten tauschten Halsschmuck, Decken oder auch nur Ramsch gegen Felle. Waffen und Whisky waren zwei weitere Kulturgüter, mit denen man die „primitiven" Völker bekanntmachte. Auch den Briten ging es um die Bekehrung der Indianer – für die Schätze des Landes interessierten sie sich deshalb aber nicht minder.

Die Franzosen, die als Jäger, Trapper oder Fellhändler in die kanadischen Wälder kamen, unterhielten gute Beziehungen zu den Indianern. Sie übernahmen deren Sprache und Gebräuche, tauschten mit ihnen Messer, Spiegel, Kämme und andere kleine von den „Wilden" begehrte Gegenstände und heirateten ihre Töchter. Die französischen Siedler erteilten den Indianern Unterricht, und die Jesuiten gründeten Kirchengemeinden. Ihrer Meinung nach war das friedliche Zusammenleben die beste Voraussetzung für einen ungestörten Fellhandel.

Offiziell ging es vor allem um Handel und Missionierung; doch dahinter standen die territorialen Interessen der jungen Kolonialmächte. Landnahme war der eigentliche Grund für das immer tiefere Eindringen in indianisches Gebiet. In den Chroniken, die von Expeditionen in das Mississippi-Gebiet berichten, nehmen die Begegnungen mit Indianerstämmen einen bedeutenden Platz ein: In ihrem Bestreben, die Indianervölker an sich zu binden, lieferten sich Briten, Spanier und Franzosen heftige Konkurrenzkämpfe. Jede Kolonialmacht schloß Bündnisse mit einzelnen Stämmen und spielte die Indianer gegeneinander aus.

Die Jesuiten: Zwischen Mission und Spionage

Die Missionare der Gesellschaft Jesu – von den Indianern Schwarzröcke genannt – wollten ihren Glauben verkünden und die „Wilden" von ihrem Götzendienst befreien. Kommerzielle Interessen wurden deshalb aber nicht vernachlässigt. In einem Brief von 1762 sagte der Comte de Frontenac, Gouverneur der französischen Kolonie Québec, über die Jesuiten: „Ihr Interesse gilt nicht nur dem Seelenheil, es gilt auch dem Biber." Außer-

Als Louis Jolliet 1672 den Jesuitenpater Jacques Marquette besuchte, lebte dieser bei den Ojibwa in dem Dorf Michilimackinac, wo er die Mission Saint-Ignace leitete. Pater Marquette studierte die Lebensweise der Indianer und lernte ihre Sprache – in der Hoffnung, sie zum katholischen Glauben bekehren zu können. Die Darstellung der zum Kampf aufbrechenden Krieger *(links)* stammt aus dem 19. Jahrhundert. Sie zeigt deutlich, in welchem Maße die Indianer ihr kulturelles Erbe trotz der Bekehrung zum Christentum bewahren konnten.

dem fungierten sie als Diplomaten, Dolmetscher und Beobachter; als solche waren sie Verbindungsleute zwischen dem französischen König und den verbündeten Stämmen. Ihre Tätigkeit war eigentlich Spionage. Aus der Sicht der Franzosen war das notwendig: Man mußte immer damit rechnen, daß ein verbündetes Indianervolk sich plötzlich gegen die Interessen der Kolonialmacht stellte und eine Garnison überfiel.

Darüber hinaus ging es der Gesellschaft Jesu immer um Macht und Einfluß. Jesuiten waren in der Neuen Welt nicht nur zahlreich – sie waren vor allem tüchtige und unerschrockene Männer. Sie eigneten sich Indianersprachen an, die wichtigste Voraussetzung für gute Kontakte mit den Eingeborenen. Diese Fähigkeiten verschafften ihnen eine Überlegenheit gegenüber anderen Ordensleuten, beispielsweise den Kapuzinern.

In diesen beiden leichten Kanus fuhr Louis Jolliet mit seiner siebenköpfigen Expeditionsmannschaft in nur wenigen Monaten den Mississippi hinunter, vom Oberen See bis zur Mündung des Arkansas River.

Die Franzosen am Mississippi

Die Franzosen faßten in drei Etappen in Amerika Fuß. In der ersten Hälfte des 17. Jahrhunderts wurde der Sankt-Lorenz-Strom entdeckt und erforscht. Von 1654 bis 1673 dehnte sich die französische Zone auf die Großen Seen aus, und zwischen 1673 und 1684 wurde der Mississippi erkundet. Bereits 1634 hatte Jean Nicolet den Michigan-See sowie die Flüsse Wisconsin und Fox befahren und war bis zum Oberen See vorgestoßen. Auf einer dieser Reisen erzählte man ihm von einem großen, nach Süden fließenden Strom, Meschacebé oder Messi Sipi genannt, was in den Algonkin-Sprachen der Einheimischen „Vater des Wassers" oder „Großer Fluß" bedeutet. Aber niemand wußte, wo er entsprang, und niemand wußte, wo er mündete.

Eine gut vorbereitete Entdeckungsfahrt

Es war ein Traum der Seefahrer, den Fernen Osten und vor allem Kathai auf dem Weg über den Pazifik zu erreichen. Viele gingen davon aus, daß der „Große Fluß" der Indianer ein Verbindungsweg zwischen den Ozeanen sein könnte.

Im Jahre 1672 beschloß Jean Talon, Intendant (oberster Verwaltungsbeamter) von Neu-Frankreich in Québec, „Sieur Louis Jolliet auf Entdeckungsfahrt in Richtung Südsee zu schicken, und zwar über das Stammesgebiet der Mascouten und den großen

Vorhergehende Doppelseite:
Im Norden, in der Gegend der Mille Lacs – die „Tausend Seen" tragen heute noch den französischen Namen –, schlängelt sich der Mississippi in zahlreichen Windungen durch die Kiefernwälder.

Rechts:
Marquette in Iowa trägt den Namen des Jesuitenpaters, der 1673 Jolliet auf seiner Expedition begleitete und dafür warb, bei der Kolonisierung Verständnis für die Indianer aufzubringen.

Diese Münze wurde zum 300. Geburtstag von Pater Jacques Marquette geprägt.

Fluß, der von ihnen Michissipi genannt wird und angeblich ins kalifornische Meer mündet." Louis Jolliet, Jesuitenschüler und Hydrograph, sprach mehrere der indianischen Algonkin-Sprachen. Zu seinem Begleiter bestimmte die Gesellschaft Jesu den sechs Indianersprachen beherrschenden Pater Jacques Marquette, der in Michilimackinac lebte, einem Dorf der Ojibwa zwischen dem Michigan- und dem Huron-See. Fünf Jäger sollten die Mannschaft vervollständigen.

Im Mai 1673 baute Jolliet mit Hilfe der Huronen zwei Kanus für die Expedition; der leichte Rumpf war aus Lebensbaumholz, eingepackt in Birkenrinde und mit Tannenwurzeln verschnürt. Zum Schluß wurde alles mit einer aus Pinienharz gewonnenen Lösung überzogen. Zur Ausstattung der Kanus gehörten Bleikugeln, Schießpulver, Messer und Äxte. Auch die wegen ihrer Zielgenauigkeit berühmten englischen Gewehre mit dem langen Lauf fehlten nicht. An Lebensmitteln nahm man Mais und geräucherte Fleisch- und Fischstücke an Bord. Außerdem kleine Spiegel und Töpfe, um die „Wilden" gnädig zu stimmen, zwei Takelagen für dreieckige Segel und ein Dutzend kurze Paddel.

Über die Route, welche die Männer nahmen, ist nichts bekannt. Alle Protokolle, Tagebücher und Karten sind durch mysteriöse oder unglückliche Umstände verlorengegangen. Es gibt lediglich ein Gedächtnisprotokoll und eine im nachhinein angefertigte Karte Jolliets. Aufgrund dieser Quellen weiß man immerhin, daß die Mannschaft am 17. Juni 1673 an einen Strom kam, der gut eine halbe Meile breit war: den Mississippi. Die Jäger feuerten eine Salve, und Pater Marquette taufte das Wasser auf den Namen „Fluß der unbefleckten Empfängnis". Die Männer stießen nun ins Landesinnere vor und gelangten zu einem Dorf namens Peouarea (heute ist das die Stadt Peoria). Es lag am Des Moines River und gehörte zum Verband der zwölf Illinois-Stämme. Sie wurden von den Dorfältesten freundlich aufgenommen und rauchten mit ihnen die Friedenspfeife. Am anderen Tag gaben ihnen zweihundert geschmückte Kanus das Geleit.

Unterhalb der Einmündung des Illinois blickten starre Augen auf sie hinab: In eine Felswand über dem Fluß waren Fabeltiere der indianischen Mythologie eingeritzt – Drachentiere mit schuppiger Haut, Menschengesicht und Hirschgeweih.

Die Trapper (von englisch *trap* und französisch *trappe*, Falle) waren die eigentlichen Erforscher der nordamerikanischen Wälder. Die Fallensteller jagten den Biber, den Fischotter und den Orignal (amerikanischen Elch) und lebten hauptsächlich vom Fellhandel. Sie hatten engen Kontakt zu den Indianerstämmen, lernten meist ihre Sprache und übernahmen ihre Lebensweise. Gegen Messer, Spiegel und andere beliebte Dinge tauschten sie Tierfelle ein.

Eines Tages wurden auf die in ihren Kanus sitzenden Franzosen Schüsse abgefeuert. Sogleich hielt Jolliet die Friedenspfeife hoch über den Kopf, die ihnen die Illinois-Indianer geschenkt hatten, und tatsächlich brachte er auf diese Weise die Indianer dazu, ihre Waffen zu senken. Es waren Tuscarora vom Volk der Irokesen. Auf Befragen schätzten die Indianer die Entfernung bis zum Meer auf eine zehntägige Kanufahrt. Auch die Chickasaw, die weiter südlich lebten, griffen die beiden Boote zunächst an, und wieder genügte der Anblick der Friedenspfeife, um die Krieger zu beruhigen. Doch dieses Mal beherrschten die Franzosen keine Sprache, in der sie sich mit den Chickasaw verständigen konnten. Dennoch gelang es den Indianern, ihnen klarzumachen, daß sie auf ihrer Weiterreise in den Ort Arkansas kämen, der zum Gebiet des mächtigen Quapaw-Stammes gehörte. Dort könnten sie erfahren, wo der Fluß mündet.

In Arkansas riet ihnen der Häuptling der Quapaw vergebens dazu, wieder nach Norden umzukehren, um nicht in die Hände der Spanier zu fallen – sie setzten ihre Fahrt fort. In der Nähe der Mündung des Arkansas Rivers entschlossen sich Marquette und Jolliet dann doch zur Umkehr; die Feindseligkeit der Indianer war allzu offensichtlich und das spanische Territorium nicht mehr fern. Sie glaubten sich etwa auf der Höhe des 33. Breitengrades, um die 50 Meilen – nach heutiger Rechnung 200 Kilometer – von der Mississippi-Mündung entfernt. Ein Irrtum: In Wahrheit wären es bis zum Meer noch 1000 Kilometer gewesen.

Innerhalb von fünf Monaten hatte die Expedition über 5300 Kilometer zurückgelegt. Da sie nach Süden gefahren waren, mündete der Fluß offensichtlich nicht in den Golf von Kalifornien, sondern in den von Mexiko. Eine wichtige Entdeckung, die der französischen Kolonie den Weg nach Süden öffnete.

Das traurige Ende

Im Jahre 1675 erlag Pater Marquette der Ruhr. Jolliet mußte sechs lange Jahre warten, bis er für seinen Einsatz belohnt wurde. Man ernannte ihn zum Seigneur von Anticosti, einer 250 Kilometer langen, kalten Insel mitten im St.-Lorenz-Strom. Doch diese Ehre war eher eine Strafversetzung. Jolliet starb im Jahre 1700, von seinen Zeitgenossen vergessen.

Die Kanus werden immer noch hergestellt wie früher: Ein schmales Gestell aus Lebensbaumholz wird mit Birkenrinde bespannt und mit Tannenwurzeln verschnürt. Anschließend wird eine Lösung aus Pinienharz aufgetragen. Mit solchen Booten sind Jolliet und Marquette den Mississippi hinuntergefahren.

Ein Stück Frankreich im Herzen Amerikas

Das Land der Cajuns im Südwesten Louisianas ist eine französischsprachige Enklave in den Vereinigten Staaten. Die Cajuns sind die Nachfahren französischer Siedler, die im 18. Jahrhundert aus Acadia (heute Nova Scotia in Kanada) vertrieben wurden und sich nach langen Irrfahrten am unteren Mississippi ansiedelten. Die Enklave umfaßt 22 Gemeinden überwiegend länd-lichen Charakters, die alle in einem Dreieck zwischen der texanischen Grenze und dem Mississippi-Delta liegen. Die Gemeinde Avoyelles ist der nördlichste Ort, die Stadt Lafayette der wichtigste. Die meisten Ortsnamen sind französischen Ursprungs, und die französische Sprache wird von den Cajuns seit über zwei Jahrhunderten gepflegt. So konnten sie inmitten der Vereinigten Staaten eine eigene Identität bewahren.

Die Cajuns sind bekannt für ihre Begabung, ausgelassen zu feiern: Vor dem Hintergrund des Flusses spielen die Musiker zum Tanz auf.

Das Land der Cajuns

Die ehemalige französische Kolonie Acadia, die sich südöstlich der Mündung des Sankt-Lorenz-Stroms befand, entsprach etwa der heutigen kanadischen Provinz Nova Scotia (Neuschottland). In Anspielung auf das idyllische Arkadien der griechischen Mythologie hatte der florentinische Forschungsreisende Verrazano die Kolonie „Arcadia" genannt. Der Buchstabe r fiel aufgrund eines Schreibfehlers später weg; nun hieß es „Acadia". Anfang des 17. Jahrhunderts wurde das Land von französischen Bauern besiedelt. Mit dem Frieden von Utrecht fiel die Kolonie 1713 an England. Den Siedlern, überzeugten Katholiken, wurde die Ausübung ihres Glaubens untersagt, und sie mußten ihren neuen Herren bedingungslose Treue geloben.

Am 1. August 1755 wurden die Akadier, die an ihrem Widerstand festhielten, in den Kirchen zusammengetrieben, gefangengesetzt und später deportiert. Vermögen, Grundbesitz und Vieh wurden eingezogen, die Häuser und Ställe eingeäschert. Familien wurden auseinandergerissen und verschleppt. Mehr als die Hälfte der Vertriebenen verhungerte oder starb an Krankheiten. Sechstausend dieser französischen Siedler wurden nach London gebracht, dort eingekerkert, nach Frankreich ausgewiesen oder in englische Kolonien geschickt. Manche kamen vorübergehend in Guyana oder in Santo Domingo unter.

Zwischen 1765 und 1770 kamen erste kleine Gruppen heimatloser Akadier in Louisiana an. Dort sprach man französisch, und so glaubten die Neuankömmlinge, Louisiana sei noch eine französische Kolonie; in Wirklichkeit gehörte die Kolonie bereits zu Spanien. Zu Beginn waren es weniger als 3000 Flüchtlinge, doch 1785 kam eine große Anzahl Akadier, die vorübergehend in Frankreich untergekommen waren, nach Louisiana, wo ihnen neues Land in Aussicht gestellt worden war.

Als die Akadier nach Louisiana kamen, durften sie sich in den Bayous niederlassen. Das kleine Boot mit dem flachen Rumpf sieht nicht viel anders aus als die Boote, mit denen sich die Cajuns damals auf dem Wasser fortbewegten.

Naß wie ein Schwamm

Da die Einwanderer ihr Glück in den Sümpfen versuchen wollten, waren sie willkommen. In demtropisch-schwülen Gebiet von Attakapas gab es reichlich Land, wo sie sich niederlassen durften. Langsam fließende oder stehende Gewässer beherrschen das Bild der Landschaft. Die Seitenarme des Mississippi speisen ein unüberschaubares System von Flußläufen und Auen, die Bayous. Ganze Wälder stehen dort unter Wasser. Allein der Bundesstaat Louisiana besitzt ein 14 000 Kilometer umfassendes Netz von Wasserstraßen. Kein Wunder, daß es in der Legende heißt, die ersten Cajuns hätten Schwimmhäute zwischen den Zehen gehabt. Die konnten sie auch gut gebrauchen.

Deiche wurden gebaut, in den Feuchtgebieten entstanden Reisfelder und Zuckerrohrplantagen. Weiter nördlich wurden Felle verarbeitet. Am Flußufer bildete die Fischerei die Lebensgrundlage, in den Prärien westlich der Bayous die Viehzucht.

Von „Acadien" zu „Cajun"

Aus der französischen Bezeichnung „Acadien" (Akadier) wurde mit der Zeit „Cadien" und daraus schließlich das englische „Cajun". In dem Versepos *Evangeline* des Dichters Henry Wadsworth Longfellow aus dem Jahre 1847 fand die Vertreibung der Siedler aus Akadien ihren literarischen Niederschlag.

Wie viele Cajuns ist auch dieser verschmitzte Automechaniker in Venice, dem letzten Fischereihafen vor der Mündung, stolz auf seine Abstammung.

Zentrum der Krabbenfischerei ist der Hafen von Venice. Die Fischerei ist einer der Berufe, die praktisch nur von Cajuns ausgeübt werden.

Aus der Isolation in die Integration

Der Kultur der Cajuns war von Anfang an bedroht. Der spanische König Karl IV. gab zwar im Jahre 1800 Louisiana an Frankreich zurück, doch Napoleon Bonaparte verkaufte die Provinz im Jahre 1803 den Vereinigten Staaten. Die Cajuns, inzwischen amerikanische Staatsbürger, wehrten sich gegen eine Integration. Sie wollten an ihrer Kultur festhalten. Sie pflegten ihre Bräuche, ihre Sprache und vor allem ihre Musik. Auf diese Weise versuchten sie, ihre Eigenständigkeit zu behaupten. In Saint Martinville am Bayou Têche beispielsweise – von seinen Bewohnern auch stolz „Klein-Paris" genannt – führte man regelmäßig Theaterstücke in französischer Sprache auf. Die schwer zugängliche Sumpflandschaft erleichterte es den Cajuns, ihr Kulturerbe zu bewahren: Die Verbindungen zur Außenwelt waren schlecht.

Gestraft mit Verachtung

Die frischgebackenen Amerikaner hielten nicht eben viel von ihren französischsprachigen Brüdern und nannten sie abschätzig *coonasses*, was nichts anderes bedeutet als „Waschbär-Ärsche". Im Ersten Weltkrieg mußten die in der Armee dienenden Cajuns englisch sprechen. Um aus den Einwanderern unterschiedlichster Herkunft eine Nation zu formen, propagierte Amerika eine einheitliche amerikanische, in sich geschlossene Kultur.

Unterdrückung

Ab 1916 war es an den amerikanischen Schulen verboten, französisch zu sprechen. Wer im Unterricht gegen dieses Verbot auch nur mit einem einzigen Wort verstieß, bekam Schläge mit dem Lineal, mußte eine Stunde lang auf Maiskörnern knien oder einen langen Text abschreiben. Was zu Hause gesprochen wurde, galt nur noch als ein längst überholter Dialekt, als Überbleibsel einer rückständigen Kultur. Wer auf diesem Dialekt beharrte, wollte offensichtlich dumm bleiben und zählte als geistig Beschränkter zu den sozial Schwachen.

Mit der Erfindung des Radios schritt die Amerikanisierung zügig voran. Das Fernsehen und bessere Straßenverbindungen taten ein übriges. Keine Spur mehr von einer isolierten Gemeinschaft. Die Enklave der Cajuns war auf einmal eine Anomalie ohne Daseinsberechtigung, ein Relikt aus vergangener Zeit, für das man kein Verständnis mehr aufbringen wollte.

Neuerwachtes Bewußtsein

Im Zweiten Weltkrieg waren die Cajuns geschätzte Dolmetscher, was ihnen ihr angeschlagenes Selbstbewußtsein zurückgab. Sie hatten kein schlechtes Gewissen mehr, wenn sie sich in ihrer Sprache unterhielten, die nur wenige Jahre zuvor von Lehrern, Städtern und Beamten Louisianas verdammt worden war.

Nach dem Krieg hielt Senator Dudley LeBlanc seine Wahlkampfreden demonstrativ auf französisch. 1968 rief der Rechtsanwalt James Domangeaux aus Lafayette ein staatliches Gremium zur Unterstützung der französischen Sprache in Louisiana ins Leben. Dies kam einer offiziellen Anerkennung als sprachliche Minderheit von Seiten der Regierung gleich und war die Grundlage für den ersten und einzigen offiziell zweisprachigen Bundesstaat der Vereinigten Staaten.

Die akadischen Fiedler dürfen bei den Festen auf keinen Fall fehlen.

Für den Französischunterricht und die Ausbildung der Grundschullehrer in Louisiana holte man Lehrer aus Frankreich, Belgien und Quebec. Im Jahre 1974 organisierte man ein Festival mit Cajun-Musik. Als es bei einem Konzert zu regnen begann und trotzdem 12 000 begeisterte Zuhörer vor der Bühne tanzten, war dies der Beweis für ein neues Bewußtsein.

Heute bezeichnen sich etwa 45 000 Bürger von Louisiana stolz als echte Cajuns; mehr als doppelt so viele stammen von den französischen Kolonisten ab, die schon vor den Cajuns in Louisiana waren. Auch wenn die Zahl der Französischsprechenden abnimmt, gilt die Weitergabe des kulturellen Erbes als gesichert. Von den Einwohnern Acadianas unter 19 Jahren spricht jeder vierte Französisch oder versteht es zumindest. Das kernige Bayou-Französisch ist im Fernsehen, im Radio und auf der Bühne zu hören. „Laisse le bon temps rouler" („Let the good times roll" – Wir wollen es uns gutgehen lassen) und „Lâche pas la patate" (Laß dich nicht unterkriegen) sind die Grundsätze der Cajuns. Sie sind Ausdruck einer heiteren Gelassenheit, die auf der ganzen Welt geschätzt wird, auch wenn man außerhalb Louisianas kaum weiß, woher die Zeile stammt, wenn man den Song singt „Let the good times roll".

Die von der farbigen Bevölkerung und Kreolen des südwestlichen Louisiana gespielte Musik ist deutlich vom Blues gefärbt und wird als Zydeco bezeichnet. Zydeco ist die einzige Art von Blues, die auch das Waschbrett, die Triangel und vor allen Dingen das für die Musik dieser Region so typische Akkordeon einsetzt.

Als Swamp-Rock hielt die Musik des Mississippi-Deltas Ende der sechziger Jahre auch ihren Einzug in die populäre Musik – und zwar keineswegs nur in Louisiana. Die Band „Creedence Clearwater Revival" feierte mit Hits wie *Lover of the Bayou* und *Green River* weltweit Triumphe.

Geschrumpfte Langusten aus Akadien

Der Legende nach sollen die aus Neuschottland vertriebenen Akadier auf ihrem mühsamen Weg nach Süden von Langusten begleitet worden sein. Auf der langen Reise wurden die Langusten allerdings immer müder; als sie schließlich in Louisiana angekommen waren, hatten sie nur noch die Größe von Flußkrebsen.

Die Flußkrebse ernähren sich von Grünpflanzen aller Art und sind deshalb vor allem in sumpfigem Geländezu finden. Die Bayous sind für sie ein idealer Lebensraum. Von Louisiana aus verbreitete sich der Amerikanische Flußkrebs *(Procambarus clarkii)* in die ganze Welt.

Am Bayou bei Saint Martinville, der Hochburg der Cajuns, soll es die schönsten Sonnenuntergänge im südwestlichen Louisiana geben.

Cajun Music und Zydeco

Die Cajun Music entwickelte sich aus den ohne Begleitung gesungenen Liedern der Einwanderer aus Akadien. Die typische Instrumentierung mit Akkordeon, Fiedel, Triangel und Löffel zusammen mit den in einem altertümlichen Französisch gesungenen Texten in meist recht hohen Tonlagen sind ein unverkennbares Markenzeichen dieser Musik, mit der die Tanzkapellen zu festlichen Gelegenheiten aufspielen. Blues- und Country-Einflüsse gingen an der volkstümlichen Musik natürlich nicht spurlos vorüber, und Kontrabaß, Gitarre, Banjo und Hawaiigitarre fanden ihren Einzug.

Krustentiere en masse

Neben Flußkrebsen gibt es im Cajun Country vor allen Dingen auch Garnelen und Krabben. In manchen Gegenden von Louisiana entwickelte sich so eine ansehnliche Fischerei-Industrie, und die Krabbenfischerei ist ein weitgehend den Cajuns vorbehaltener Berufszweig.

Allerdings bezweifeln inzwischen zahlreiche Krabbenfischer, daß ihr Beruf noch eine Zukunft hat. Die zunehmende Verschmutzung des Mississippi durch Industrie und Landwirtschaft stellt nämlich auch für die kleinen Krustentiere eine ernstzunehmende Bedrohung dar.

Gegenüber:
Diese Darstellung aus dem 18. Jahrhundert zeigt Pierre Le Moyne d'Iberville, wie er 1699 eine Gedenktafel entdeckt, die Cavelier de La Salle siebzehn Jahre zuvor hier angebracht hat.

Rechts:
Ziel La Salles und seiner zweiten Expedition war der Golf von Mexiko, wo er die Mündung des Mississippi vom Meer her wiederzufinden hoffte. Dort sollte er eine Kolonie gründen. Januar 1685 erreichte er die Küste von Texas; das Mississippi-Delta fand er allerdings nicht wieder.

Der Forschungsreisende des Sonnenkönigs

Robert de La Salle, Sohn einer Tuchhändlersfamilie, stammte aus Rouen. Sieben Jahre verbrachte er bei den Jesuiten, wo er eine umfassende Ausbildung erhielt, auch in den Fächern Astronomie und Kartographie. Außerdem lernte er mehrere Sprachen: Griechisch, Latein, Hebräisch, Arabisch, Italienisch und Spanisch. Aber der junge Mann war nicht für die Mönchskutte geschaffen. Er verließ den Orden und schloß sich seinem Bruder Jean an, der als Priester in Montreal arbeitete.

La Salle auf dem Weg nach Süden

Mit Unterstützung des Gouverneurs Frontenac wurde La Salle in den Dienst des französischen Königs gestellt. Man wollte Neu-Frankreich ausdehnen und neue Handelsniederlassungen gründen. Von einer Expedition auf den Flüssen Ohio und Illinois und über Erie-, Huron- und Michigan-See kehrte La Salle 1671 ruhmreich zurück. Schon bald stand er hoch in der Gunst Ludwigs XIV. und wurde 1675 geadelt. Der Sonnenkönig ernannte ihn zum Sieur de La Salle und Seigneur von Fort Frontenac, der heutigen Stadt Kingston am Ontario-See. Seine Aufgabe war die Betreuung der Garnison, der Siedler und der Mission.

Drei Jahre später erhielt La Salle während eines Frankreichaufenthalts einen neuen königlichen Auftrag. Dieses Mal sollte er den westlichen Teil von Neu-Frankreich erkunden und Forts errichten. Im August 1679 verließen vier Kanus und fünfzehn Männer Michilimackinac und die Großen Seen und fuhren auf dem Illinois flußab. In der Nähe des Dorfes Peoria – Pater Marquette, der dort sechs Jahre zuvor gelebt hatte, hatte es Peouarea geschrieben – gründete La Salle Fort Crèvecœur („Mißmut").

Nach der Fertigstellung des Forts ließ Cavelier de La Salle ein Schiff bauen. Es sollte dreißig Mann und große Mengen an Fellen transportieren können. Um weitere Ausrüstungsgegenstände zu besorgen, mußte La Salle allerdings zunächst einmal mit einigen Leuten zurück nach Michigan.

Unterwegs kamen sie durch ein Dorf, wo sie eine schreckliche Entdeckung machten: Die Hütten waren niedergebrannt, vor den Türen lagen Kadaver, die von Wölfen angefressen waren, und in der Luft kreisten Raben und Geier. Es waren die Spuren eines Überfalls der gefürchteten Irokesen. Ein weiterer Schock: Fort

Nach seinem Noviziat bei den Jesuiten glaubte La Salle nicht mehr an seine Berufung zum Mönch und begab sich nach Montreal, wo sein Bruder Jean als Priester lebte.

DECOUVERTE DU COURS DU MISSISSIPI
ET DE LA LOUISIANE. 1699.
30.
Monsieur Cavelier de la Salle avoit malgré les traverses de ses ennemis reconnu
le Cours du Missisipi jusquà la Mer en 1683. voulant quelques années apres
reconnoitre l'Embouchure de ce fleuve par mer, il se trompa et en allant la chercher a
travers les terres il fust assassiné. Monsieur d'Iberville Gentilhomme Canadien fût plus
heureux en 1699. et il reconnut le Poteau aux armes de France que Monsieu
de la Salle y avoit planté en 1683. l'on a nommé cette contrée Louisiane tant par
apport a Louis le grand, que parceque ces Adoroient le Soleil devise de
ce et quils appelloient Astre Louis.

Eine Mississippi-Karte aus dem Jahre 1718, gezeichnet von Nicolas de Fer, der ab 1702 als Geograph im Dienst des spanischen Königs stand. Die Karte gibt genaue Auskunft über die von La Salle während seiner Mississippi-Expedition gegründeten Forts.

Crèvecœur war bei einer Meuterei zerstört worden. Doch es kam noch schlimmer: Das aus Frankreich herübergeschickte Schiff mit der Ausrüstung war untergegangen. So blieb La Salle nichts übrig, als dieses Unternehmen aufzugeben.

Zu Beginn des Jahres 1682 wagte er es erneut. Er nahm zwei Offiziere mit auf diese Expedition: Henry de Tonty, den die Indianer wegen seiner Metallprothese „Eiserne Hand" nannten, und Jacques Bourdon, Sieur d'Autray. Die Kirche war durch den Franziskanerpater Zénobe Membré vertreten. Außerdem gehörten dazu: Jacques de la Métairie, der Notar von Fort Frontenac, der Waffenhändler Pierre Prud'homme und der Chirurg Jean Michel. Achtzehn Eingeborene nahmen als Führer und Dolmetscher an der Expedition teil. Als Lohn wurde die Hälfte der Jagdbeute und hundert Biberfelle pro Person vereinbart. Mit drei Kindern und zehn Squaws zählte die Mannschaft 42 Personen.

Diese Gedenktafel steht in New Orleans. Sie ist Robert de La Salle gewidmet, dem Entdecker Louisianas.

Start im Winter

Da der Illinois noch zugefroren war, transportierte man die Kanus, die Waffen und das Gepäck auf Schlitten. Am 6. Februar erreichte der Trupp den Mississippi. Die Mitte Februar einsetzende Schneeschmelze brachte einen hohen Wasserstand und eine gefährlich starke Strömung mit sich. Der Missouri führte dem Mississippi Unmengen an Schlamm, Baumstämmen und Geröll zu.

Fast täglich mußte gejagt und gefischt werden. Von der indianischen Kochkunst war die Mannschaft sehr angetan. Ein Rezept schrieb La Salle auf: „Die Indianer graben ein Loch in die Erde und legen es mit glühenden Steinen aus. Es folgt eine Schicht Blätter, dann eine Schicht *macopins* – ein Wurzelgemüse mit zwiebelähnlichem Geschmack –, dann wieder glühende Steine und so weiter, bis das Loch gefüllt ist. Man deckt alles mit Erde zu und läßt das Gemüse darin schwitzen. Es ist köstlich."

Am 14. März traf man auf Indianer vom Stamm der Arkansas. Diese staunten über die bärtigen Männer mit der hellen Haut und bewirteten sie großzügig mit Geflügelfleisch, Mais und Früchten. La Salle ließ ein Kreuz mit dem französischen Wappen errichten und nahm im Namen des Königs das Gebiet in Besitz. „Ein so ungeniertes Verhalten war damals durchaus üblich", schrieb Mark Twain über diesen Auftritt.

Links:
Unweit des Zusammenflusses von Mississippi und Illinois gründete Cavelier de La Salle 1679 das Fort Crèvecœur. Ganz in der Nähe hatte Pater Marquette sechs Jahre zuvor die Indianer des Dorfes Peouarea zum Christentum bekehrt.

Folgende Doppelseite:
Genau an dieser Stelle des Deltagebietes, wo sich der Mississippi in drei Flußarme teilt, trennten sich La Salle und seine Expeditionsgefährten, um jeden der drei Arme bis zu seiner Mündung zu verfolgen.

Bei den Natchez war der Empfang weniger freundlich. Als Tonty anlegen wollte, spannten hundert Indianer im Lendenschurz ihre Bogen. La Salle winkte mit der Friedenspfeife, und gleichzeitig richteten seine Leute mehrere Dutzend Musketen auf die Natchez-Krieger. Sofort löste sich die Spannung, und man rauchte die Friedenspfeife miteinander.

Nach weiteren hundert Meilen erreichten die Kanus das Deltagebiet, wo sich der Mississippi in drei Arme teilt. La Salle bildete drei Gruppen: Er selbst nahm den rechten Flußlauf, Henry de Tonty den mittleren und Jacques Bourdon d'Autry den linken. An der Küste trafen sie sich wieder. „Überglücklich über das gute Ende eines so großen Unternehmens" stimmten sie als Lobgesang ein „Tedeum" an. La Salle versuchte, ihren Standort zu bestimmen, und kam zu dem Ergebnis, daß der Mississippi zwischen dem 27. und 28. Breitengrad in den Golf von Mexiko mündet – zu unpräzise, um die Mündung später wiederzufinden.

Das Ritual der Landnahme

Am 9. April 1682 nahm La Salle im Namen seines Königs die Region in Besitz. Er hatte sein Schwert gegürtet, trug einen in Gold eingefaßten Mantel und rief: „Im Namen Ludwigs des Großen, von Gottes Gnaden König von Frankreich und Navarra, des überaus Mächtigen, Siegreichen und Unbezwingbaren, genannt der Vierzehnte, nehme ich Besitz von diesem Land Louisiana, von seinen Meeren, kleinen und großen Häfen, engen und weiten Buchten, von seinen Stämmen und Völkern, Provinzen, Städten, Siedlungen und Dörfern, seinen Bodenschätzen und Minen, seinen Fischen, seinen kleinen und großen Flüssen." Dies alles, so fügte er hinzu, geschehe im Einvernehmen mit den hier ansässigen Indianerstämmen. In Wahrheit gab es natürlich keine einzige Vereinbarung mit den Eingeborenen. In der Überzeugung, daß bei dieser Aneignung von Land das Recht auf ihrer Seite sei, schrieb Tonty: „Die Flußmündung ist leicht zu verteidigen. Mit wenig Aufwand können wir uns diese Schätze bewahren, und die Wilden sind leicht zu zivilisieren, denn sie verfügen bereits über Tempel und Häuptlinge, denen sie gehorchen."

Mit der Gründungsurkunde, die alle anwesenden Franzosen unterzeichneten, bekam Frankreich einen ungeheuren Gebiets-

Um seine Pläne zu Ende führen zu können, bemühte sich La Salle um die Unterstützung Ludwigs XIV., und er bekam rasch die Genehmigung, im Namen des französischen Königs und auf dessen Kosten sein Vorhaben weiterzuverfolgen.

Trotz vieler Ungenauigkeiten zeigt diese Karte vom Mississippi und Louisiana deutlich, wie stark die Franzosen zu Beginn des 18. Jahrhunderts in jener Gegend präsent waren. In der Mitte erkennt man Nouvelle-Orléans (New-Orleans), das um 1717 von der Compagnie d'Occident gegründet und nach dem damaligen Regenten von Frankreich, dem Herzog von Orléans, benannt wurde.

zuwachs: Das Land reichte von den Großen Seen bis zum Golf von Mexiko, von den Appalachen bis zu den Rocky Mountains.

Die Rückreise gegen die Strömung war schwierig. La Salle litt an unerklärlichen Schmerzen und lag im Kanu. Am 2. November 1683 erreichte die Expedition endlich Québec. La Salle rechnete mit einem großen Empfang – wegen, wie er sagte, „der bedeutendsten Entdeckung, die je von einem Franzosen gemacht wurde und trotzdem kein einziges Menschenleben gekostet hat".

Die große Enttäuschung

Er konnte nicht wissen, daß Frontenac, sein Gönner, wieder nach Frankreich zurückgerufen worden war. Der neue Gouverneur setzte La Salle als Befehlshaber der Forts ab und bezweifelte den Wahrheitsgehalt der Expeditionsberichte. Tief gekränkt trug La Salle seine Sache in Versailles vor – und wurde rehabilitiert. Man überließ ihm vier Schiffe, mit denen er erneut zum Mississippi-Delta aufbrechen wollte, diesmal auf dem Seeweg. Hauptanreiz für die Investoren und Auftraggeber waren diesmal die in der Nähe des Flusses liegenden Silberminen.

Die neue Expedition startete im Juli 1684 von La Rochelle aus: siebzig Matrosen, zweihundert Soldaten und etwa hundert Zivilisten, die eine Kolonie gründen sollten. Als sie den Golf von Mexiko erreichten, konnte La Salle ihren Standpunkt nicht orten. Überall mündeten Wasserläufe ins Meer, und unzählige Inseln machten das Küstengebiet völlig unübersichtlich. In der Bucht von Matagorda, 600 Kilometer zu weit im Westen, ging man an Land, in schlechtester Stimmung. Das Transportschiff war auf Grund gelaufen, so daß die Baumaterialien verloren waren. Im texanischen Fort Saint-Louis fand die Expedition Unterkunft.

Der Mord an La Salle

Zwei Jahre lang unternahm La Salle von hier aus mehrere Erkundungsfahrten zu Wasser und zu Land; es gelang ihm jedoch nicht, den Mississippi ausfindig zu machen. Während einer solchen Expedition wurde der bei den anderen Männern verhaßte Neffe La Salles ermordet. Am 19. März 1687 stieß La Salle zu der Expedition – und wurde von einem der Mörder seines Neffen erschlagen. Seine Leiche wurde den Aasgeiern überlassen.

Der Gründer Louisianas: Pierre Le Moyne d'Iberville, Gouverneur der Hudson Bay, bekam 1698 den Auftrag, an der Mississippi-Mündung eine Kolonie zu gründen. Er veranlaßte den Bau von zwei Forts; eines davon befand sich an der Stelle der heutigen Stadt Mobile.

Im 19. Jahrhundert suchte man intensiv nach den Mississippi-Quellen. Costantino Beltrami *(ganz links)* stieß 1823 zum ersten Mal zu ihnen vor. Er war den Fluß bis nach Minnesota hinaufgefahren und kam an einen kleinen See, den er „Giulia"-See nannte. Im Jahre 1832 machten sich Henri Schoolcraft *(links)* und Zebulon Pike auf die Suche nach den Quellen; auch sie kamen an den See, den Beltrami entdeckt hatte.

Die Kolonisierung des südlichen Louisiana wurde erst zehn Jahre später wieder zu einem erklärten Ziel der französischen Kolonialpolitik. Man wollte die Engländer daran hindern, von Süden her die französischen Siedlungen am Sankt-Lorenz-Strom zu gefährden. Bis dahin waren vereinzelte Jäger und Abenteurer die einzigen Franzosen in dieser Gegend; sie versorgten die Stützpunkte des Fellhandels mit Waren.

Die Kolonie Louisiana

Die Gründung der Kolonie Louisiana war das Werk von Pierre Le Moyne d'Iberville. Am 31. Januar 1699 gingen zwei seiner Fregatten und drei Passagierschiffe aus La Rochelle in der Bucht von Mobile vor Anker. Anfang März entdeckte d'Iberville ein „stark schlammhaltiges, helles Wasser", das sich über einen breiten Küstenabschnitt ins Meer ergoß. D'Iberville war klar, daß er den Mississippi gefunden hatte, und fuhr ihn bis zur Mündung des Red River hinauf. Am 17. März entdeckten die Franzosen einen Pfahl, „rot vom Blut mehrerer Fischköpfe, und Bären waren als Opfertiere angebunden". Der Pfahl markierte die Jagdgrenze zwischen zwei Indianerstämmen; er gab der Siedlung und heutigen Stadt Baton Rouge (*bâton rouge*, roter Pfahl) ihren Namen.

Nach seiner Rückkehr von einem Aufenthalt in Frankreich startete d'Iberville eine zweite Expedition und verlegte die französische Hauptsiedlung nach Mobile. Trotz des feucht-schwülen, ungesunden Klimas setzte eine stärkere Besiedlung ein. Fünfzig Jahre später beherrschte Frankreich das gesamte Mississippi-Becken (54 Zuflüsse). Nun waren die französischen Siedlungen Québec im Norden und New Orleans (La Nouvelle-Orléans) im Süden miteinander verbunden.

Nach dem Siebenjährigen Krieg, der im Jahre 1763 beendet war, mußte sich Frankreich aus seinen Besitzungen in Amerika und auf den Westindischen Inseln zurückziehen. Frankreichs Besitzungen in Kanada und das linke Mississippi-Ufer kamen unter englische Herrschaft, doch es gelang Ludwig XV. mit Hilfe eines verzwickten Vertragswerks, Louisiana zurückzugewinnen. Es blieb französischer Besitz bis zum Jahre 1803, als Napoleon die Kolonie an die Vereinigten Staaten von Amerika verkaufte, die seit 1783 offiziell von England unabhängig waren.

Dank der geschickten Vertragsdiplomatie Ludwigs XV. wurde Louisiana wieder französisch und blieb es, bis Napoleon es im Jahre 1803 an den amerikanischen Präsidenten Jefferson und seine junge Republik verkaufte. Dieser Schritt richtete sich gegen England.

DURCH WÄLDER UND FELDER

Wenn man sieht, wie das schmale Bächlein von kristallklarem Wasser über die Kieselsteine einer nur wenige Meter breiten Furt rieselt, kann man kaum glauben, was das danebenstehende Holzschild besagt: „Hier entspringt der Mississippi auf einer Höhe von 450 Metern." Das soll der riesige Strom werden, einer der mächtigsten der Welt, der mit seinen unberechenbaren Hochwassern ganze Landstriche unter Wasser setzen kann?

Das Gebiet, welches der Mississippi entwässert, umfaßt mehr als ein Drittel des Staatsgebietes der USA. Bis zu seiner Mündung in den Golf von Mexiko durchfließt dieser Strom zehn Bundesstaaten und eine Reihe bemerkenswerter Städte, speist unterwegs die Turbinen der Wasserkraftwerke und vereinigt sich wiederholt mit Zuflüssen unterschiedlichster Art. Doch verweilen wir noch einen Augenblick im Quellgebiet.

Der westlich von den Großen Seen gelegene Bundesstaat Minnesota hat den Beinamen „Staat der kleinen Seen" zweifellos verdient, denn der Himmel über diesem Land spiegelt sich in über 15 000 glasklaren Wasserflächen. Sie sind das Ergebnis der Erosionsarbeit von Jahrtausenden; vor langer Zeit war die gesamte Region von Gletschern bedeckt. Das herabfließende Schmelzwasser veränderte die Landschaft allmählich und grub unzählige Mulden und Becken in den felsigen Boden.

In früheren Zeiten bedeckte der riesige Agassiz-See das nördliche Minnesota, North Dakota und Manitoba in Kanada. Er war größer als heute alle Großen Seen zusammen, und sein Wasser floß über den gewaltigen Gletscherfluß Warren ab. Nach der Eiszeit blieb vom Warren nur der kleine Minnesota-Fluß übrig, der sich in dem breiten Tal, das sein mächtiger Vorgänger gegraben hatte, recht verloren ausnimmt. Der Agassiz-See selbst hinterließ in den eiszeitlichen Mulden viele kleine Seen.

Einer davon ist der Itasca Lake. Er ist umgeben von ausgedehnten Nadelwäldern, fernab großer Städte. Er sammelt das Regenwasser und läßt es nur sparsam wieder über Felsbrocken abfließen. Hier nimmt der Mississippi seinen Anfang. Ein zum State Park (Naturschutzgebiet des Bundesstaates) erklärtes Indianerreservat von 12 000 Hektar Größe umgibt das Quellgebiet – ein Naturheiligtum, in dem streng über die Erhaltung der ursprünglichen Landschaft gewacht wird.

Oben:
In der Nähe seiner Quellen ist der Mississippi noch schmal. Von den alten Brücken, die seine Ufer verbinden, gibt es nur noch wenige.

Gegenüber:
Der Mississippi in der Nähe der Stadt Zemple in Minnesota. Im Norden fließt der Fluß durch bezaubernde, unzerstörte Naturlandschaften. Der Unterlauf des Mississippi ist hingegen wesentlich stärker industrialisiert.

Rechts:
Im Itasca State Park kann man den Mississippi in seinen Anfängen erleben. 500 000 Menschen überqueren jährlich trockenen Fußes den Fluß, indem sie über die Steine laufen.

Unten:
Eine Blockhütte erinnert im Itasca State Park an den Durchzug der Pioniere.

Ganz unten:
Als Bächlein beginnt der Mississippi seine lange Reise.

Der Itasca-See, ein Kleinod der Natur

Es begann alles mit Jacob V. Brower, einem jungen Trapper. Mitte des vorigen Jahrhunderts kam er an den herrlichen Itasca-See und war völlig von ihm fasziniert. Brower blieb fünf Monate, führte ein Einsiedlerleben und hatte bereits die Idee, das Quellgebiet zur Schutzzone zu erklären. Damals fielen die Holzfäller in Scharen in die Wälder Minnesotas ein, eine Folge des ständig wachsenden Holzbedarfs der jungen amerikanischen Nation. Die Wohnungen der neuen Einwanderer und die beim Eisenbahnbau benötigten Schwellen führten zu immer umfassenderen Abholzungen. Fortschrittsglaube und die Überzeugung, daß man den richtigen Weg in die Zukunft ging, ließen keine Fragen nach den Folgen des Raubbaus an den Wäldern aufkommen.

Der Itasca State Park

Vor diesem Hintergrund kann man sich vorstellen, wie Browers Vorschlag aufgenommen wurde. Im Kampf gegen Samuel Van Sant, der als Gouverneur des Staates die Interessen der mächtigen Industrie-Lobby vertrat, stand Brower allein. Er brauchte Jahre, um Gehör zu finden. Aber 1891 wurde der von ihm geplante Naturpark um den Itasca-See endlich doch verwirklicht. In der Zwischenzeit war im Gebiet der Großen Seen eine Fläche von der Größe Italiens völlig abgeholzt worden.

Der Besucher des Itasca State Park erhält am Eingang einen Prospekt, in dem die im Park geltenden Verhaltensregeln detailliert aufgelistet sind. Wildes Zelten und Picknicken sind streng verboten. Wer ohne triftigen Grund lärmt oder die vorgeschriebenen Wege verläßt, wird des Parks verwiesen, und wer in den geheiligten Gewässern angelt, wird angezeigt und muß mit einer empfindlichen Strafe rechnen. Der Versuch, die Vorschriften heimlich zu umgehen, scheitert in der Regel; in Minnesota erzählt man sich nämlich augenzwinkernd, daß im Itasca State Park hinter jedem Baum ein Waldhüter steht.

Eine Landschaft von melancholischem Charme

Wer durch den Park wandert, versteht rasch, warum die Vorschriften so streng sind: Der Park beheimatet einen repräsentativen Querschnitt durch die amerikanische Tier- und Pflanzenwelt. Das rauhe Klima bringt einen langen Winter mit sich (über acht

Ein Bild, das man in der Regel vom Mississippi nicht kennt: In tausend Windungen schlängelt er sich durch das nördliche Minnesota. Sein silbrig glänzendes Wasser kontrastiert mit den Herbstfarben der Kiefernwälder.

Monate). Kiefern und Lärchen sind im gesamten Park die vorherrschenden Baumarten. Natürlich kann man auch Birken, Espen und Ahornbäume finden, umgeben von Wiesen mit Margeriten und Beerensträuchern, aber sie bleiben immer Einzelbäume, die das Dunkel des Nadelwaldes im Frühjahr durch ein helles Grün und im Herbst durch ein flammendes Rot auflockern. Dennoch ist der Geist dieser Landschaft nicht heiter. Selbst den Unsensibelsten kann hier eine vage Urangst packen.

Jahrtausendelang waren die Ufer des Itasca-Sees nur von Tieren bewohnt: von ruhig dahinziehenden Bisonherden, Hirschen, die am frühen Morgen zur Tränke wanderten, Waschbären, Schwarzbären und Weißkopfseeadlern, die über den Baumwipfeln langsam ihre Kreise zogen. Der Mensch hinterließ hier kaum Spuren: Alles, was noch vom Durchzug der Pioniere zeugt, sind eine verfallene Blockhütte und ein Friedhof mit einigen wenigen verwitterten Grabsteinen; das Quellgebiet des Flusses ist nie besiedelt und kultiviert worden.

Touristenmassen an der Quelle

Doch die Ruhe ist dahin, soviel Mühe man sich auch geben mag, dieses Paradies mit Vorschriften zu verteidigen. Denn was den Pionieren nicht gelang, das schaffen die Touristen: Sie bevölkern das Quellgebiet. Sie sind sicherlich nicht furchtlos, dafür aber gut ausgerüstet, wenn sie in Scharen kommen, um die ewige Geburt des Mississippi zu feiern. Eine halbe Million Menschen, hauptsächlich Amerikaner, überqueren jährlich den Fluß nah an seiner Quelle. Mit großen Steinen wurde eine Furt angelegt, die man mit ein paar Schritten bequem passieren kann.

Natürlich hat die Landschaft bei so hohen Besucherzahlen ihre Unberührtheit eingebüßt. Kommerzielle Interessen waren, wie so oft, stärker als der Idealismus. Die Amateurfotografen, die planschenden Kinder und die Pilger, die ihre Flaschen mit dem kostbaren Wasser auffüllen, sehen kein Problem in ihrer Anwesenheit; sie sind stolz darauf, an einem der faszinierendsten Orte der Erde zu sein. An den Quellen der großen Ströme – wie auch auf den höchsten Berggipfeln oder den äußersten Kaps der Kontinente – erlebt man die Erde intensiver. Damit keinem Besucher – auch nicht dem nüchternsten – dieses Naturphänomen ent-

Auf dem kleinen Friedhof des Itasca State Park gibt es noch ein paar Gräber. Das ist alles, was von der Anwesenheit der Pioniere zeugt.

Vorhergehende Doppelseite:
Zu Beginn des Herbstes, des „Indian Summer", ist die Landschaft am oberen Mississippi am schönsten. Unterhalb des Bemidji-Sees wird der Fluß breiter, windet sich aber nach wie vor friedlich durch die Wälder.

Rechts:
Bemidji am gleichnamigen See ist die erste Stadt am Oberlauf des Mississippi. Bei den Chippewa, die in dieser Region leben, bedeutet das Wort *bemidji:* „ein See, durch den ein Fluß fließt".

geht, wurde ein 160 Meter hoher Aussichtsturm errichtet. Von dort genießt man einen herrlichen Rundblick: Wohin das Auge reicht, überall glitzert der von dichtem Wald eingerahmte See. Der Herbst ist die große Zeit der recht wenigen Laubbäume im Nadelwald, wenn der Indian Summer rote, goldene und orangefarbene Töne aufleuchten läßt. Später, wenn die Äste kahl werden, verschwinden die Touristen, und der See liegt einsam und still unter einer dicken Schicht aus Eis und Schnee.

Bemidji wurde vor etwa 110 Jahren erbaut. Von hier aus versuchten die Pioniere, in der Holzwirtschaft des hohen Nordens ihr Glück zu finden. Damals ähnelte Bemidji den Kleinstädten des Wilden Westens, wie dieses Foto aus den ersten Jahren unseres Jahrhunderts zeigt. Holzfäller und Indianer gingen relativ friedlich miteinander um.

Ein Fluß, der sich teilt, sich windet, versickert

Sobald der Mississippi den Itasca-See verlassen hat, wird es schwierig, seinen Lauf zu verfolgen. Er teilt sich in mehrere Arme auf, schlängelt sich dahin, versickert im Moor, wandert von einem See zum anderen und durchzieht den Wald, in dem er entsprang, in tausend Windungen. Bis zum Golf von Mexiko sind es 1800 Kilometer Luftlinie; der Mississippi allerdings macht eine Reise von 3780 Kilometern, bevor er dort mündet.

Er nimmt zunächst einmal Kurs nach Norden. Zu Beginn seiner Reise ist er ganze drei Meter breit, nur allmählich wird er breiter. Daß dieser Wasserlauf in der Neuen Welt eine bedeutende Rolle spielt, kann man sich hier nur schwer vorstellen. Der Blick aus dem Flugzeug bestätigt diesen Eindruck: Der stille Bach windet sich durch die Wiesen und verliert sich in unzähligen Schleifen. Er fließt an einzelnen Gehöften vorbei, deren Architektur auf das unwirtliche Klima dieser Gegend hinweist: In den großen Scheunen ist Platz für riesige Futtermengen, die für den langen und strengen Winter reichen müssen. Doch bald schon wendet sich der noch recht schmale Mississippi nach Osten. Er dringt zu den Sumpfflächen mit wildem Reis vor, von denen sich früher die Chippewa ernährten, nimmt beträchtliche Wassermengen auf und stürzt sich in den Bemidji-See.

Bemidji, die erste Stadt am Mississippi

Bemidji am Ufer des gleichnamigen Sees ist die erste Stadt unserer Flußreise. Mit dem Wort *bemidji* bezeichnen die Indianer einen „See, durch den ein Fluß fließt". Die Stadt hat 30 000 Einwohner; sie wurde vor etwa 110 Jahren gegründet und bezeichnet sich stolz als die Heimat der Pioniere des hohen Nordens. Mit

Heute ist Bemidji eine ruhige Kleinstadt mit 30 000 Einwohnern. Ein paar von den alten Häusern stehen noch. An den Ufern des Mississippi wird gern geangelt. Die florierende Holzwirtschaft ist nach wie vor der wichtigste Wirtschaftszweig: Papierbrei und Bretter werden in das ganze Land verschickt.

ihren traditionellen Blockhütten besitzt sie den Charme einer Siedlung des Wilden Westens. Die Hütten stammen aus der Zeit, als die Grenze zwischen der Zivilisation und dem unbekannten Neuland noch unmittelbar vor der Haustür lag. Hier endet die Bahnlinie aus Minneapolis, der größten Stadt Minnesotas, und man findet sich in einem Ort wieder, wo die Männer heute noch, wie seit Generationen, großkarierte Holzfällerjacken tragen.

Holzwirtschaft und Tourismus

Bemidji verdankt seinen Aufschwung der Holzwirtschaft des ausgehenden 19. Jahrhunderts. Auch heute noch ist Holz das Kapital der Stadt: Es wird für die Möbelherstellung oder als Bauholz zugeschnitten, zu Papierbrei oder zu Papier verarbeitet. Lastwagen transportieren die Produkte in alle Gegenden der USA.

Wegen der Nähe zu den Mississippi-Quellen mußte sich die Kleinstadt auch auf den Tourismus einstellen. Ob Angler, Jäger oder Wanderer – Bemidji ist der Ausgangspunkt für alle. Deshalb entstanden neben den alten, bunten Holzhäusern nagelneue Motels, und die meisten der ehemaligen gemütlichen Läden, wo man Töpfe, Erbsen, Angelhaken, Werkzeug, Stoffe und noch vieles mehr kaufen konnte, haben Fast-Food-Buden und modernen Geschäften mit Neonbeleuchtung Platz gemacht. Dennoch hat Bemidji keine wirklich städtische Atmosphäre; nach Einbruch der Dunkelheit sind die Straßen leer.

Liebe zur Tradition

Strenge Bauvorschriften verbieten Häuser, welche die Wipfel der Kiefern an Höhe überragen. Trotzdem hat sich Bemidji nicht überall den Charakter der frühen Jahre bewahrt. Aber sagen Sie das auf keinen Fall zu einem Einheimischen: Er würde Sie sofort mit nach Hause nehmen, seine vergilbten Fotoalben hervorholen und Ihnen zeigen, wie seine Vorfahren im Schweiße ihres Angesichts die ersten Hütten des späteren Bemidji gebaut haben – und das bei ständig wiederkehrenden Indianerangriffen und Wintern, die so hart waren, daß die Schwächeren nicht überlebten. Zum Schluß würde er sein Album zuklappen und mit großem Ernst sagen: „Wir werden die Stadt, die unsere Väter mit ihren bloßen Händen aufgebaut haben, niemals verlassen.“

Der Bemidji-See ist ein Eldorado für Angler. Viele Touristen, die auf dem Weg zu den Mississippi-Quellen sind, machen deshalb in Bemidji Station. Auch die Chippewa finden sich zum Fischen ein; ihr Reservat liegt ganz in der Nähe.

Rechts:
Nach Größe und Holzart geordnet werden Abertausende von Baumstämmen an den Ufern des Mississippi zwischengelagert.

Unten:
Im 19. Jahrhundert wurde das Holz mit Schlitten zum zugefrorenen Mississippi geschafft. Im Frühjahr rollten die Holzfäller die Stämme mit Stahlhaken in den Fluß; mit der Strömung trieben sie dann zu den über 500 Kilometer entfernten Sägewerken von Minneapolis.

Das Land der Holzfäller

Für die Trapper waren die unendlichen Wälder Minnesotas ausschließlich Jagdgebiet. Sich in einer so unwirtlichen Gegend niederzulassen, wäre ihnen nie in den Sinn gekommen. Sobald die Jagdsaison vorbei war, zogen sie nach Osten, um die erbeuteten Felle zu verkaufen und mit dem hart verdienten Geld das Leben zu genießen. Durch den Fellhandel der Trapper fühlten sich die Indianer in ihrer Lebensweise nicht beeinträchtigt. In Wisconsin, dem nordöstlichen Minnesota und einem Großteil des kanadischen Ontario siedelten die Chippewa. Das gute Verhältnis der Chippewa zu den Trappern und den französischen Händlern, die auf ihren Schiffen Waren und Passagiere zu den Handelsniederlassungen brachten, bestand bis in die Mitte des 19. Jahrhunderts hinein.

Dagegen kam es zwischen den Farmern, die in den fruchtbaren Tälern des Südens seßhaft geworden waren und immer mehr Land für sich in Anspruch nahmen, und den Indianern zu großen Konflikten. Mit dem Bevölkerungswachstum und wirtschaftlichen Aufschwung stieg der Bedarf an Holz stark an, und die Holzwirtschaft wurde von entscheidender Bedeutung. Man setzte die Chippewa unter Druck, und schließlich verzichteten sie auf den größten Teil ihres Landes. Da waren die Holzfäller aber schon in Scharen in die Wälder eingefallen.

Siedlungen entlang der Eisenbahnlinie

Im Jahre 1869 plante Samuel Wilkeson im Auftrag der Northern Pacific Railroad eine Bahntrasse durch die menschenleere Wildnis von Minnesota. Voller Bewunderung für die Landschaft schrieb er: „Die Bäume sind grandios und von beeindruckender Schönheit; sie ziehen einen regelrecht in ihren Bann, und nur schwer kann man sich wieder von ihnen lösen. Es sind Wälder, in denen man nicht sehr weit sehen kann; selbst wenn die Sonne hoch am Himmel steht, ist es darin fast stockdunkel. Sie zu Pferd zu durchqueren ist nahezu unmöglich."

Bereits wenige Monate später gab es in diesen Wäldern die ersten Handelsniederlassungen, die sich schnell zu ansehnlichen Siedlungen entwickelten. Bald war Bemidji über die Northern Pacific Railroad mit Crosby und Brainerd verbunden, und an der Bahnlinie – immer den Mississippi entlang – entstand eine Reihe

Hinter Bemidji fließt der Mississippi durch zahlreiche Seen; einer davon ist der Cass Lake. Dichte Schilfgürtel kennzeichnen all diese Gewässer, von denen es in Minnesota mehr als 15 000 gibt.

von Dörfern. Die gefällten Bäume mußten auf dem Wasserweg transportiert werden. Wenn der Mississippi zugefroren war, wurde das Holz auf Pferdeschlitten ans Ufer gebracht und dort aufgeschichtet. Um den Transport mit Schlitten zu erleichtern, wurden die Waldwege abends mit Wasser besprengt: So hatte man am nächsten Morgen eine Eisbahn.

Im Frühjahr, wenn das Tauwetter einsetzte, rollten die Lumberjacks, wie die Holzfäller genannt wurden, die Holzstämme mit Hilfe von Stahlhaken in den Fluß, und die große Wasserfahrt konnte beginnen. Von der Stadt Grand Rapids („Große Stromschnellen") – etwa 100 Kilometer stromab von Bemidji gelegen – bis zu den Sägewerken von Minneapolis sind es 520 Kilometer.

Kahlschlag in ganz großem Stil

Selten ließ man einen Baum stehen; wenn es sich lohnte, ihn zu fällen, wurde er gefällt. Um eine Wiederaufforstung des Kahlschlags kümmerte man sich nicht – die Wälder schienen unerschöpflich zu sein. Exemplarisch für den Typ des Pioniers, der hier Fuß faßte, war der aus Preußen stammende Frederick Weyerhaeuser (er hatte seinen Namen amerikanisiert, wie die meisten Einwanderer). Weyerhaeuser handelte nach der ganz und gar amerikanischen Devise „Hilf dir selbst, dann hilft dir Gott" und gründete im Jahre 1852 die Mississippi-Holzgesellschaft. Dank der Arbeit von Hunderten von Holzfällern, die vor allem aus Nordeuropa kamen, wurde er steinreich. Heute ist die Weyerhaeuser Co., die in Kanada, Oregon und Washington tätig ist, der größte private Waldbesitzer der Erde (2,35 Millionen Hektar; das entspricht der Größe Mecklenburg-Vorpommerns).

Männer der Wälder: Die Lumberjacks

In allen zwanzig Waldsektoren zwischen dem Itasca-See und Grand Rapids wurde das ganze Jahr hindurch gefällt, ohne Rücksicht auf das Wetter und ohne ein Mindestmaß an Sicherheitsvorkehrungen. Die Lumberjacks lebten ähnlich wie die Cowboys als Halbnomaden, ohne Familie. Ihre Lebensbedingungen waren hart: Sie schliefen in Baracken und erhielten einen kärglichen Lohn, den sie rasch wieder ausgaben; Whiskey und Prostituierte waren teuer. Allein die Barmherzigen Schwestern vom Hospital

Die Lebensbedingungen der großenteils aus Nordeuropa stammenden Holzfäller waren hart. Sie wurden schlecht entlohnt und lebten ohne ihre Familien in erbärmlichen Blockhütten. Das Fällen der Bäume war oft lebensgefährlich. Um eine Wiederaufforstung kümmerte sich niemand. Auf diese Weise wurden mehrere hunderttausend Hektar Wald zerstört.

Die Chippewa zwischen den Welten

„Red Lake Nation: Sie begeben sich in ein Indianerreservat, wo die Bundesgesetze keine Gültigkeit haben", sagt ein riesiges Schild an der Straße. Nach etwa 60 Kilometern auf einer holprigen und nahezu menschenleeren Straße durch den Wald stößt der Besucher auf das Reservat der Chippewa. Es umfaßt 1200 Quadratkilometer rings um einen See, dessen Name an die blutigen Kämpfe der Vorfahren erinnert: Red Lake. Von der Atlantikküste kommend, wählten sich die Chippewa diese Gegend am oberen Mississippi als Heimstatt, mitten im Land der Sioux.

Zwei Jahrhunderte lang kämpften die beiden Stämme um dieses bewaldete Gebiet, das heute im Norden des Bundesstaates Minnesota liegt, und immer wieder rötete das Blut der Gefallenen das Wasser des Sees. Als die Sioux nach ihrer Niederlage bei Crow Ring im Jahre1768 gezwungen waren, nach Süden abzuwandern, kamen die Chippewa in den ungestörten Genuß all der Vorzüge dieser wild-, fisch- und pflanzenreichen Region. Dem Gewässer, das von hier aus nach Süden strebt, gaben die Indianer den Namen Misi Sipi – „Großer Fluß".

Im Reservat der Chippewa gilt das amerikanische Recht nicht. Einen ähnlichen Sonderstatus haben auch die Mescalero-Apachen von New Mexico.

Ein Leben in Symbiose mit der Natur

Bemüht um Harmonie mit der Erde, ihrer Mutter, und dem Himmel, ihrem Vater, dem Großen Geist, setzten die Chippewa ein hohes Maß an Erfindungsreichtum und Kunstfertigkeit daran, die vielfältigen Ressourcen zu nutzen, die die Natur ihnen bot. Darin glichen sie allen anderen nordamerikanischen Indianern. Sie bauten Wildreis an und würzten ihre Speisen mit Minze, Rainfarn, Ahornzucker und Bärentrauben (roten, mehligen Beeren eines an sonnigen Plätzen wachsenden Zwergstrauchs). Ihr Wasser aromatisierten sie mit Kirsch- und Himbeerblättern, mit Schneebeeren (weißen Früchten, auch Wachskügelchen genannt) und anderen wohlduftenden Pflanzenbestandteilen. Sie verstanden sich auf die Zubereitung von Wurzeln und Knollen sowie auf die Verwendung von Linden- und Pappelsaft und Kiefernharz. Sie fischten, jagten Hirsche und bauten Kanus aus Birkenrinde.

Als dieser Indianer 1922 in Minnesota starb, soll er 137 Jahre alt gewesen sein. Zur Zeit des Bürgerkrieges war er schon ein alter Mann.

Die Chippewa liebten ihre Tänze und Gesänge. Sie tanzten in jedem Sommer den Sonnentanz, um sich die Gunst der Sonne zu sichern.

Märchen und Sagen spielten in der Kultur der Chippewa eine wichtige Rolle. Man berechnete das Alter nicht in Lebensjahren, sondern nannte Kinder ab einem gewissen Punkt „alt genug, um sich zu erinnern." Die Chippewa zogen ihre Kraft aus der Erde. Für sie entsprang alles der Erde, lebte von ihr und kehrte zu ihr zurück.

Im Jahre 1909 kam eine Abordnung der Chippewa nach Washington, um ein Abkommen mit der Bundesregierung zu unterzeichnen. In dem Vertrag wurde ihnen die Gegend um den Red Lake für ein Reservat zugestanden.

Gebieter des Nordwestwindes

Die Chippewa hatten eine Vorliebe dafür, Alltägliches und Außergewöhnliches, Reales und Imaginäres zu vermischen. Einer ihrer Lieblingshelden hieß Manabozho. Dieser Indianer war der Sohn von Kabeyun, dem Ostwind. Der Sage nach hatte Kabeyun ein junges Mädchen vergewaltigt und geschwängert. Die Frau ließ bei der Geburt des Kindes ihr Leben.

Dieses Kind, Manabozho, das von seiner Großmutter aufgezogen wurde, lüftete schließlich das Geheimnis seiner Herkunft, beschloß, seine Mutter zu rächen und forderte seinen Vater zum Zweikampf. Keiner ging daraus als Sieger hervor, und Kabeyun wollte es dabei bewenden lassen. Er bot Manabozho die Herrschaft über den Nordwestwind an.
Danach mußte Manabozho noch weitere Prüfungen bestehen, beispielsweise eine Überschwemmung, die er nur deshalb überlebte, weil er sich an einen Baumwipfel klammerte.

Diese Geschichte enthält auch ein Prophezeiung: Eines Tages wird ein Biber tauchen, um ein Körnchen Erde vom Flußgrund heraufzuholen. Aus diesem Körnchen wird Manabozho eine neue Welt erschaffen.

Heute noch geben die Alten dieses kultivierten Volkes Geschichten wie die von Manabozho an die Jugend weiter.

Die Weisheit kommt aus den Träumen

Bei der Entdeckung des Kontinents im Jahre 1492 umfaßte die indianische Bevölkerung schätzungsweise fünf Millionen Menschen. Ende des letzten Jahrhunderts gab es noch 250 000 Indianer. Und die Pioniere hatten nicht nur die Ureinwohner ausgerottet, sondern auch die Bisons abgeschlachtet und die Wälder vernichtet.

Und was die Feuerwaffen nicht schafften, erledigte das Feuerwasser. Die Chippewa beteiligten sich bald selbst daran, Bisons und Bären zu schießen, weil die Felle ein wertvolles Tauschmittel waren, für das sie Whiskey und Gewehre bekamen. Im Jahre 1863 veräußerten sie ihre Territorien in Dakota und den ganzen Westen Minnesotas für eine halbe Million Dollar. Ein letzter Vertrag pferchte sie 1904 am Red Lake zusammen.

Massaker am Wounded Knee

Damals war es erst 14 Jahre her, daß Soldaten bei Wounded Knee das Feuer auf 180 unbewaffnete Sioux eröffnet hatten. Der Anlaß: Die Männer, Frauen und Kinder führten einen „Geistertanz" auf, der die Wiedererstehung des indianischen Volkes und das Verschwinden des Weißen Mannes beschleunigen sollte. Traurige Bilanz des Einsatzes: 146 Tote, 33 Verwundete und ein grundsätzliches Verbot ritueller Tänze für mehr als 60 Jahre.

Mit dem Massaker am Wounded Knee waren die Indianerkriege zu Ende. Die „Rothäute" waren ein für allemal bezwungen.

Anfang dieses Jahrhunderts untersagte ihnen die amerikanische Regierung jede Ausübung ihrer Sitten und Gebräuche. Man zwang die Indianer, sich die Haare zu schneiden, und sie mußten die Kleidung der Weißen tragen. Ihre Feste durften sie nicht mehr feiern, ihre Sprache nicht mehr sprechen. Erst nach mehr als einem halben Jahrhundert trat allmählich eine Wende ein, als 1969 das in Minneapolis gegründete American Indian Movement eine Kampagne initiierte, die das Ziel hatte,

Seit den sechziger Jahren besinnen sich die Chippewa wieder verstärkt auf ihre indianische Vergangenheit und und lassen die alten Bräuche aufleben.

Kunsthandwerk ist einer der Einkommenszweige der Chippewa.

Ein gedemütigtes Volk schöpft neue Hoffnung für seine Jugend.

junge Indianer wieder die Sprache ihrer Vorfahren zu lehren und die Erinnerung an die alten Traditionen aufzufrischen.

Inzwischen haben andere Bewegungen diese Forderungen aufgegriffen. „Wir glauben, daß die Identitätsgrundlage jedes einzelnen der Stamm sein sollte. Wir glauben, daß es das Stammeswesen ist, das uns hat überdauern lassen. Unsere Kultur existiert nicht nur in der Zeit, sondern auch im Raum. Wenn wir unser Land verlieren, sind wir heimatlos wie ein Blatt auf einem See, das ziellos umhertreibt und schließlich zerfällt und verschwindet", heißt es im Manifest des National Indian Youth Council. Allmählich nehmen die Indianer ihr Schicksal wieder in die Hand, entschlossen, trotz widrigster sozialer und ökonomischer Bedingungen ihre Würde wiederzuerlangen.

Arbeitslos und alkoholkrank

Heute lebt etwa eine Million Indianer in den USA, über die Hälfte davon in Reservaten. Die Arbeitslosenquote beträgt bis zu 80 Prozent. Man kann davon ausgehen, daß 60 bis 75 Prozent Alkoholiker sind. Ein erheblicher Teil dieser Menschen lebt von Sozialhilfe. Sich in die Arbeitswelt des modernen Amerika zu integrieren ist für Indianer extrem schwer, und bei der gegenwärtigen Lage auf dem Arbeitsmarkt ist es für sie fast unmöglich, einen Job zu finden.

Nur wenige Zeilen eines indianischen Weisen reichen bereits aus, um zu verdeutlichen, wie groß der Widerspruch zwischen dieser Kultur und dem kapitalistischen Wirtschaftssystem ist: „Ihr fordert mich auf, die Erde zu bearbeiten? Werde ich ein Messer nehmen und die Brust meiner Mutter aufreißen? Wenn ich sterbe, wird sie mich nicht mehr an ihren Busen nehmen, damit ich dort ruhen kann. Ihr fordert mich auf, Gras zu schneiden, Heu zu machen und es zu verkaufen, um reich zu werden wie die weißen Männer. Aber wie könnte ich es wagen, die Haare meiner Mutter abzuschneiden? Meine jungen Männer werden niemals arbeiten. Männer, die arbeiten, können nicht träumen, und die Weisheit kommt aus den Träumen."

Ihre Zukunft sehen die Chippewa in einer sinnvollen Integration ihrer indianischen Kultur in das moderne Amerika, in dem – und von dem – sie leben.

Oder: „Die Weißen wollten immer, daß die Indianer ihr Leben aufgeben und so leben wie die Weißen – Ackerbau treiben, hart arbeiten wie sie –, und die Indianer wußten nicht, wie das geht, und wollten es auch gar nicht. Hätten die Indianer versucht, die Weißen zu zwingen, so zu leben wie sie, hätten die Weißen sich dem widersetzt, und so war es auch bei vielen Indianern."

Unter den 300 Indianerstämmen, die sich auf 27 Bundesstaaten verteilen, ergeht es den Chippewa noch vergleichsweise gut. Red Lake ist eines der beiden Indianergebiete, die nicht amerikanischem Recht unterliegen. Das andere ist das Reservat der Mescalero-Apachen in New Mexico.

Selbstverwaltung in Red Lake

Es steht den Chippewa frei, ihr Territorium nach eigenem Gutdünken zu verwalten. Ihr Häuptling wird auf fünf Jahre gewählt, und sie haben eine eigene Polizei, eigene Gerichte – und eine eigene Fahne. Hauptsächlich leben die Indianer in Red Lake vom Fischfang und Kunsthandwerk.

Allerdings gibt es im Reservat noch eine weitere, glänzende Einnahmequelle: die Spielcasinos. „Die Touristen wissen, daß das Volk der Chippewa die Erde schützt. Bei Tag kommen sie in unsere Reservate, um die Natur zu genießen, zu fischen und zu jagen. Und abends bitten wir sie zur Kasse", sagt Häuptling Bobby Whitefeather. Um diese Spielcasinos hat es schon viel Ärger gegeben, weil im übrigen Minnesota Spielcasinos verboten sind.

Mit den Einnahmen finanzieren die Chippewa Gesundheitsprogramme und Wiedereingliederungsmaßnahmen für Arbeitslose. Die Chippewa hoffen sogar, eines Tages genug Geld zu haben, um ihr Land zurückzukaufen.

Die künftigen Generationen

Gleichzeitig bemühen sich die Alten, ihr Wissen und die Sitten des Stammes an die Jungen weiterzugeben, um sie doch noch davor zu bewahren, in der Coca-Cola- und Hamburger-Kultur unterzugehen. „Es geht nicht um Abschottung oder Rückkehr in die Vergangenheit", resümiert Ruth, Mitglied des Stammesrats. „Wir müssen den künftigen Generationen den Reichtum unserer Kultur vermitteln. In einer Zeit, in der Konkurrenz und Geld das Leben bestimmen, dürfen sie nicht vergessen, daß unsere ganze Kraft aus dem Zusammenhalt der Gemeinschaft erwächst. Bei uns läßt man Leidende nicht im Stich, sondern reicht ihnen die Hand."

Rechts:
Earl Dickinson stammt aus einer alten Holzfällerfamilie, die im 19. Jahrhundert zu Reichtum kam. Sein Großvater war einer der Gründer von Bemidji. Earl und seine Familie bemühen sich, die Traditionen der Pioniere zu bewahren und gleichzeitig auf ihren 22 000 Hektar Land eine umweltverträgliche Holzwirtschaft zu betreiben.

Unten:
Der Mississippi fließt auch durch den Winnibigoshish Lake. Der flache See ist ein beliebtes Revier für die einheimischen Bootsangler.

in Grand Rapids hatten Mitleid mit ihnen und boten ihnen eine Unfall- und Krankenversicherung an: Für 25 Cent Beitrag im Monat waren die Holzfäller abgesichert; wenn sie verunglückten, wurden sie bis zu ihrer Genesung behandelt und verpflegt.

Die Tradition der Pioniere

Mit Cowboyhut und Stiefeln steht der sechzigjährige Earl Dickinson im Wald und markiert mit klarem Blick die für den Holzschlag fälligen Bäume. Er schätzt die Länge eines Baumstammes auf zehn Zentimeter genau und bestimmt seinen Durchmesser mit verblüffender Präzision. Trotzdem prüft er die Werte mit einer Meßkluppe nach. „In unserer Familie wurde das unüberlegte Abholzen immer abgelehnt. Nur was notwendig ist, wird gefällt. Unsere Bestimmungsmethoden sind immer noch dieselben wie vor hundert Jahren."

Während er spricht, ästet er mit seiner Axt eine Lärche aus. Er erklärt, wie man anhand der Jahresringe das Alter eines Baumes bestimmt und sogar Aussagen über das Wetter der vergangenen Jahrzehnte machen kann. „Die Ringe dieser Lärche muß man einmal zählen!" Als Earl beim Herz des Stammes angekommen ist, sagt er: „1789! George Washington wurde in diesem Jahr zum Präsidenten gewählt. Dieser Baum ist 206 Jahre alt!"

Als Earls Familie in diesen abgelegenen Winkel von Minnesota kam, tobte zwischen den Chippewa und den Sioux ein Krieg. Sein Großvater Ralph gilt als Gründer von Bemidji. Er war ein geschickter Überredungskünstler und holte neue Pioniere in die noch sehr kleine Siedlung. Seine Argumente waren beeindruckend, auch wenn sie nicht immer der Wahrheit entsprachen, und der humorvolle Unterton fehlte nie: Eine Goldmine in nächster Nähe, ein Schatz im See...

Ralphs Sohn Leonard besaß die gleiche Vitalität wie sein Vater. Außerdem konnte er seinen Mitmenschen Vertrauen in eine bessere Zukunft vermitteln; eine Begabung, die ihn sogar in den Senat brachte. Niemand konnte besser als er von den Kindheitserlebnissen in Bemidji erzählen: von den Indianerlagern in nächster Nähe, den Reisen mit dem Planwagen, der Bisonjagd und den harten Wintern. Kurz vor seinem Tod schrieb der 95jährige Pionier mit Pathos, daß „ein Mann dort zu Hause ist, wo er

Links:
Der Crow Wing River („Krähenflügelfluß") ist der erste große Zufluß des Mississippi. Doch bereits vor dessen Einmündung hat der Mississippi seine Breite auf etwa 50 Meter verdoppelt und fließt Richtung Iowa, auf die Großen Ebenen mit den weiten Feldern zu.

schwer arbeitet, um sich zu ernähren und ein Haus zu bauen, wo er weint und lacht und wo er allein ist mit der Nacht und den Sternen, nur von Gottes Hand geführt."

Diesen Geist verkörpert Leonards Sohn Earl noch heute. Das Familienanwesen, das er gemeinsam mit seinen Söhnen bewirtschaftet, befindet sich in Buena Vista, einem kleinen Ort, in dem es außer einer Holzkirche, einem Ski-Lift und einer stillgelegten Bahnlinie nur noch die Familie Dickinson gibt. Das ganze Land gehört ihm, soweit das Auge reicht, und hinter einem See ahnt man die Mäander des Mississippi.

Unten:
Der Power Dam oberhalb von Grand Rapids ist das erste Stauwehr im Mississippi.

Ganz unten:
Die Stadt Grand Rapids hat das Erbe der Pioniere treu bewahrt und lebt mit seinen Papiermühlen noch heute von der Holzwirtschaft.

Grand Rapids – heute ohne Stromschnellen
Hinter Bemidji wendet sich der Mississippi nach Südosten. Immer noch schlängelt und windet er sich, und immer wieder fließt er durch Seen, zunächst durch den Cass Lake, dann durch den großen, aber flachen Winnibigoshish Lake. Langsam ändert sich die Landschaft: Gewaltige Felsformationen überragen den Fluß, und über steil abfallenden Wänden erheben sich hoch aufragende Felsen wie Türme. Der Fluß nähert sich Grand Rapids, dem alten Zentrum der Holzwirtschaft. Die Stadt macht ihrem Namen keine Ehre mehr: Von den ehemals berühmten Stromschnellen ist nichts mehr übrig. Die Strömung des Mississippi ist zwar immer noch stark, doch zwei hintereinanderliegende Wehre brechen seine Kraft. Gezähmt erreicht er das Industriestädtchen, das sich eher wie ein Ferienort gibt, und fließt ruhig in seinem Kiesbett dahin, zur Freude der Fliegenfischer.

Der Crow Wing River
Danach verläßt der Mississippi die großen Kiefernwälder. Er verdoppelt seine Breite recht schnell auf 50 Meter und trifft auf seinen ersten großen Zufluß, den Crow Wing River („Krähenflügelfluß"). Er nimmt ihn auf und stürmt mit rasanter Geschwindigkeit durch weite Ebenen und Felder, jetzt auf direktem Weg nach Süden. Wieder etwas ruhiger durchquert er das Städtchen Little Falls, wo Charles Lindbergh aufwuchs, der Held der amerikanischen Luftfahrt, der als erster im Alleinflug den Atlantik überquerte. Unterhalb von Little Falls wird der Mississippi wieder schneller; nun nähert er sich der Hauptstadt Minnesotas.

Vorhergehende Doppelseite:
Minneapolis liegt am Westufer, Saint Paul am Ostufer des Mississippi. So sehr jede der beiden Städte sich um ein eigenständiges Profil bemüht – beide haben eine Vorliebe für Wolkenkratzer.

Rechts:
Saint Paul, Sitz der Regierung von Minnesota, pflegt das Image einer geruhsamen Beamtenstadt mit europäischem Flair; damit hebt es sich von Minneapolis mit seiner hektischen Atmosphäre ab. Zwischen den beiden Zwillingsstädten besteht eine alte Rivalität.

Minneapolis und St. Paul, die Zwillingsstädte

Vorbei ist es mit den unwegsamen Wäldern, den einsamen Farmen mitten in der Prärie, den felsigen Steilufern und weiten Feldern. Zwischen Schnellstraßen und Wolkenkratzern tritt der Mississippi in die „Twin Cities“ ein, die Zwillingsstädte Minneapolis und Saint Paul. Auf den ersten Blick bilden die beiden Städte ein Ganzes, das sich rund fünfzig Kilometer weit entlang den Ufern des Flusses erstreckt. In Wirklichkeit aber scheidet sie vieles, angefangen mit dem Fluß, der zwischen Minneapolis im Westen und Saint Paul im Osten eine regelrechte Grenze darstellt. Vor allem jedoch trennt sie die Geschichte, die von der ständigen, manchmal lustigen, manchmal grotesken Rivalität der beiden Orte um die ökonomische und politische Vormacht im Staat Minnesota geprägt ist.

Die Wasserfälle von Saint Anthony am Westufer des Mississippi wurden im 17. Jahrhundert von einem Jesuiten entdeckt. Sie sind der Stolz von Minneapolis.

Vom Fort zur Siedlung

Die Geschichte begann im Jahre 1680, als Pater Louis Hennepin, ein belgischer Jesuit, auf einer Erkundungsreise zu den Quellen des Mississippi einen gewaltigen Wasserfall entdeckte, den er nach dem heiligen Antonius von Padua benannte: St. Anthony Falls. Kurz darauf fiel der Pater den Sioux in die Hände. Der Ort wäre vermutlich wieder in Vergessenheit geraten, hätte nicht 140 Jahre später die Bundesregierung in ihrem Bestreben, die Indianerstämme unter Kontrolle zu bringen, Truppen dorthin entsandt. Da das Terrain am Zusammenfluß des Mississippi und des Minnesota River einen strategisch wichtigen Punkt darstellte, beschloß man, ein Fort zu errichten. Der Bau begann 1819, und schon bald hieß die Bastion nach ihrem ersten Kommandanten, Colonel Josiah Snelling.

Als die Jahre ins Land gingen, ohne daß es zu Zusammenstößen mit den Indianern kam, beschäftigte Snelling seine Männer mit dem Bau eines Sägewerks, das die Wasserkraft der Fälle nutzte, dann eine Mühle. Holz und Weizen begründeten bald den Wohlstand der Pioniere, die sich in unmittelbarer Nähe des Forts in zwei kleinen Ansiedlungen niedergelassen hatten. Diese beiden Ortschaften, St. Anthony und Minneapolis, lagen so dicht beisammen, daß sie 1872 verschmolzen.

Inzwischen war ein wenig flußabwärts, über dem Ostufer des Mississippi, eine Siedlung namens Pig's Eye („Schweinsauge“)

Ganz links:
Minneapolis zählt zu den dynamischsten Wirtschaftszentren der USA. Die Stadt besitzt die bedeutendste Getreidebörse der Welt, und zahlreiche Großunternehmen der Getreideindustrie haben hier ihren Firmensitz.

Links:
Hoch auf einer Straßen- und Eisenbahnbrücke von Saint Paul thront ein Häuschen. Auf dem Fluß ist einer der legendären Raddampfer zu sehen.

entstanden. Ein französischer Pater, Père Galtier, ließ dort eine kleine Kirche bauen und gab ihr den pompösen Namen St.-Pauls-Basilika. Zu Füßen der Kirche erweiterte sich das Flußbett zu einem Wasserbecken, das sich ideal für einen Flußhafen eignete – direkt am Schnittpunkt der Handelswege gelegen, dort, wo sich Planwagen und Steamboats trafen. Der Ort nahm eine rasante Entwicklung: Schon 1858, nur zwanzig Jahre nach dem Bau der ersten Hütten, wurde Pig's Eye in Saint Paul umbenannt und Hauptstadt von Minnesota. Für die Einwohner des erheblich größeren Minneapolis war das ein Schlag – über den sie bis heute nicht wirklich hinwegekommen sind.

Bizarre Rivalität

Trotz ihrer gemeinsamen Vorliebe für Wolkenkratzer und ultramoderne Firmensitze haben sich beide Städte ihre Besonderheiten bewahrt. Saint Paul, ruhiger und bürgerlicher, ist Zentrum der politischen Macht, Minneapolis, jünger und dynamischer, das der modernen Industrien.

Wichtigster Wirtschaftsfaktor in Minneapolis ist noch immer der Getreidehandel: Die riesigen Getreidesilos und Mühlen am Fluß und vor allem die Getreidebörse – die bedeutendste der Welt – bezeugen dies. Doch auch andere Industrien haben hier ihren Sitz. Zu den berühmtesten gehören 3M – Minnesota Mining & Manufacturing Company – und Cray Research, ein Unternehmen, das Großrechner entwickelt. Diese Blüte der Spitzentechnologien hat natürlich auch damit zu tun, daß sich in Minneapolis die Universität des Staates Minnesota befindet. Auch kulturell hat die Stadt viel zu bieten, und das Walker Art Center genießt einen hervorragenden Ruf als Kunstzentrum.

In der Musik treten die Unterschiede zwischen den Twin Cities deutlich zutage: In Minneapolis arbeitet Prince, der von vielen als kreativster Funk-Rock-Musiker Amerikas angesehen wird; dafür leistet sich Saint Paul ein Kammerorchester, das Chamber Orchestra. Die Bewohner der Hauptstadt verstehen sich, wie die von Boston, als Erben einer ruhmreichen Vergangenheit. Und tatsächlich präsentiert Saint Paul, vom Fluß her gesehen, die gleiche leicht heruntergekommene Pracht, die manche traditionsreiche europäische Städte kennzeichnet.

Das Kapitol, erbaut im Jahre 1883, ist eine der Sehenswürdigkeiten von Saint Paul. Am Abend des 4. Juli, des Nationalfeiertags der USA, findet dort ein Feuerwerk statt, das Tausende von Schaulustigen anlockt.

Flußab von Minneapolis und Saint Paul ist Hastings die nächste größere Stadt am Mississippi. Sie war ursprünglich eine Siedlung britischer Einwanderer. In den charmanten Wohnhäuschen, den mit Blumen geschmückten Straßen und den Fassadenmalereien hat sich die Atmosphäre eines alten englischen Städtchens bis heute erhalten.

Ein Fluß wird zum Strom

In der Sprache der Dakota heißt *minne sota* „wolkiges Wasser"; Minneapolis setzt sich aus dem Sioux-Wort *minne* („Wasser") und dem griechischen *polis* („Stadt") zusammen. Der Name „Stadt am Wasser" sagt deutlich genug, daß der Mississippi der Grund war, warum hier eine Stadt entstand. In einer Region, die vom Holz lebte, brauchte man ihn als Verkehrs- und Transportweg. Zwar ist Holz heute noch immer ein bedeutender Wirtschaftsfaktor; doch es sieht so aus, als ob der Fluß keine Rolle mehr spielt. Im Gegenteil: Er scheint für das Wirtschaftsleben nur noch ein Hindernis darzustellen, das man mit Hilfe zahlreicher Brücken zu überwinden sucht.

Der Mississippi – ein Störfaktor? Kein Schild weist auf ihn hin, keine Straße führt zu ihm hinunter. Auf die Frage: „Wie kommt man denn zum Fluß?" erhält man die Antwort: „Der Fluß? Der ist hinter den Gleisen." Zwischen Eisenbahntrassen und Schnellstraßen eingezwängt, wurden seine Ufer zum Wohnort der Unterprivilegierten: heruntergekommene Wohnblocks, Müll, Autowracks – hier wird das Gesicht der Großstadt zur Grimasse.

Von nun an ist der Mississippi gezähmt. Er ist über einen Kilometer breit und bildet die Grenze zwischen Minnesota, wo seine Quellen liegen, und Wisconsin. Kleine Städte säumen die Ufer, so auch das hier abgebildete Alma mit seinem Stauwehr.

Grenze zwischen zwei Bundesstaaten

Ab Minneapolis und Saint Paul wird auf den nächsten 1000 Kilometern die Wasserführung des Mississippi mit 26 Staustufen reguliert; die Fahrrinne ist ausgebaggert. Die ersten Schleusen sind in Minneapolis, die nächsten in Hastings. Die ersten, aus Großbritannien stammenden Bewohner von Hastings gaben der Stadt ihren Namen. Die hellen Straßen mit ihren Häusern im Cottage-Stil vermitteln den Charme englischer Kleinstädte.

Der Mississippi ist jetzt über einen Kilometer breit. Sein linkes Ufer gehört nun zu Wisconsin, und auf den folgenden 200 Kilometern bildet er die Grenze zwischen diesem Bundesstaat und Minnesota. Verstärkung bringen ihm die Wasser des Saint Croix River, der aus dem Oberen See (Lake Superior) kommt. Die Wälder treten zurück, und ein riesiges Becken gibt dem Fluß Raum, so viel, daß er sich zu einem See ausbreitet. Dieser Pepin Lake ist in jedem Winter von einer dicken Eisschicht überzogen; regelmäßig muß eine Fahrrinne gebrochen werden, damit die Schiffahrt nach Saint Paul möglich ist. Die übrige riesige Eisfläche wird für Wintersport-Veranstaltungen genutzt. Sobald der Frühling beginnt, scheinen Himmel und Wasser sich zu mischen in einer Abstufung von Blautönen, in denen die Uferlinie verschwimmt.

Hier liegt die kleine Stadt Stockholm. Sie wurde von schwedischen Einwanderern gegründet und später die Heimat einer der ersten Mormonengemeinschaften der USA. Diese christliche Sekte lebt nach hohen moralischen Maßstäben, zu denen auch ein strenges Arbeitsethos gehört. Trotz Anfeindung und Verfolgung gewannen die Mormonen immer mehr Anhänger, und heute gibt es Millionen in der ganzen Welt.

Die Erfindung des Wasserski

Doch Amerika ist voller Widersprüche: Nicht weit von hier hat ein Amerikaner eine Sportart erfunden, die geradezu Symbol ist für die leichten, angenehmen Seiten des Lebens – Wasserski. Im Jahre 1922 konnte man den jungen Ralph Samuelson beobachten, wie er, von einem Wasserflugzeug gezogen, mit seinen Skiern auf der Oberfläche des Pepin Lake dahinglitt. Nicht lange danach hatte dieses Freizeitvergnügen die Welt erobert, von Florida bis zur Côte d'Azur; das Wasserflugzeug allerdings wurde durch kostengünstigere Motorboote ersetzt.

Fünfzig Kilometer flußab, bei Wabasha, mündet der Chippewa in den Mississippi. Die Gebäude an der Main Street von Wabasha künden vom vergangenen Ehrgeiz ihrer Bewohner, aus Wabasha eine Metropole zu machen. Das Rathaus, Ende des vorigen Jahrhunderts erbaut, scheint entworfen, um eine Stadt von der Größe Chicagos zu verwalten. Doch die erwartete Expansion

Oben:
Das Städtchen Stockholm ist eine alte Mormonen-Siedlung.

Unten:
Der Mississippi erweitert sich zum Pepin Lake. Hier wurde im Jahre 1922 das Wasserskilaufen erfunden.

Charles Lindbergh – allein über den Atlantik

Nicht weit von Minneapolis steht in Little Falls das Haus, in dem Charles Lindbergh seine Jugendjahre verbrachte. Inzwischen ist es ein Museum.

Zum Flieger geboren

Charles Lindbergh, der als erster Mensch im allein und ohne Zwischenlandung den Atlantik mit dem Flugzeug überquerte, wuchs in Little Falls am Westufer des Mississippi auf. Die Stadt, die nicht weit von Minneapolis liegt, ist stolz auf ihren großen Sohn. Das einstöckige, zwischen Bäumen an einem sanften Abhang gelegene Elternhaus Lindberghs dient heute als Museum.

Geboren wurde Charles Lindbergh als Enkel eines schwedischen Einwanderers am 4. Februar 1902 in Detroit, Michigan. Als er fünf Jahre alt war, wurde sein Vater als Abgeordneter von Minnesota in den Kongreß gewählt. Bereits sehr früh zeigte der Junge ein reges Interesse an allem, was mit Fliegerei zu tun hatte. Technik faszinierte ihn, und ganze Nachmittage schloß er sich in der Werkstatt seines Vaters ein.

Ein Traum geht in Erfüllung

Mit zwanzig nahm Lindbergh an Flugschauen teil. Seine Spezialität waren halsbrecherische Kunststücke, die er hoch oben in der Luft mit umgeschnalltem Fallschirm auf der Tragfläche eines Flugzeugs stehend vorführte. Als er sich für einen Beruf entscheiden mußte, wählte er den eines Ingenieurs und schrieb sich dafür an der Universität von Wisconsin ein.

Doch nach zwei Jahren gab Lindbergh das Studium auf. Er wollte Flieger werden. Der Pilot in spe ging nach Nebraska, wo die Lincoln Aircraft Company soeben eine Flugschule eröffnet hatte. Hier büffelte er Theorie, Mechanik und Grundbegriffe der Meteorologie. Und er lernte verschiedene Flugzeugtypen steuern.

Sobald Lindbergh sich in der Lage fühlte, allein zu fliegen, verließ er die Schule. In Georgia kaufte er bei einer Versteigerung ausgedienter Militärflugzeuge seine erste Maschine. Er gründete einen „Lufttaxi-Service" und bot Touristen und Farmern Rundflüge an. Das Unternehmen lief nicht schlecht, aber Lindbergh wollte mehr und verdingte sich 1925 als Postflieger. Zuständig für die Strecke Saint Louis–Chicago mußte er mehrmals wegen nächtlichen Nebels, Landeproblemen oder Treibstoffmangels die Maschine opfern und sich mit dem Fallschirm retten. Was er bei diesen Postflügen lernte, sollte ihm bei seinem Marathonflug über den Atlantik sehr zustatten kommen.

Die *Spirit of St. Louis*

Im Jahre 1926 hörte er im Radio, daß der steinreiche New Yorker Hotelier Raymond Orteig für den ersten Flug von New York nach Paris ohne Zwischenlandung einen Preis von 25 000 Dollar ausgesetzt hatte. Lindbergh zögerte nicht. Nachdem er von der State National Bank in Saint Louis einen Kredit von 10 000 Dollar erhalten hatte, beauftragte er die Firma Ryan Airlines in San Diego mit dem Bau eines einmotorigen Hochdeckers mit einem Wright Whirlwind 225-PS-Motor.

Zwei Monate später war die *Spirit of St. Louis* fertig: ein silbergrauer Eindecker von 14 Meter Spannweite, 10 Meter Gesamtlänge und einer Höchstgeschwindigkeit von 195 Stundenkilometern. Die Zeit drängte. Andere Piloten wie etwa Richard Byrd und Clarence Chamberlin hatten es ebenfalls auf das Preisgeld abgesehen und bereits mit dem Bau ausgeklügelter Maschinen begonnen. Zwei Wochen lang führte Lindbergh in San Diego Testflüge durch und flog dann in einer Rekordzeit von 14 Stunden und 25 Minuten nach New York. Nach seiner Ankunft auf dem Curtis Field kam die Geduldsprobe; die Wettervorhersage war extrem ungünstig. Drei Wochen mußte Lindbergh in New York warten. Als er am 19. Mai den Wetterdienst anrief, erfuhr er, daß sich das Wetter besserte. Nun hatte er grünes Licht. Um Mitternacht kehrte er in sein Hotel zurück und bat den Nachtportier, ihn um zwei Uhr fünfzehn zu wecken. Vor dem Start zu einem Flug von über dreißig Stunden brauchte „Lucky" zwei Stunden Schlaf.

Charles Lindbergh und sein Vater. Schon als Kind war Lindbergh von Motoren fasziniert. Daß er schließlich Pilot wurde, überraschte niemanden.

Die Aufnahme aus dem Jahre 1927 zeigt Lindbergh in Le Bourget.

Dabei hatte niemand Lindbergh wirklich ernst genommen. Überhaupt schienen sämtliche Versuche, den Atlantik zu überfliegen, unter einem Unstern zu stehen. Fonck, das französische „Flieger-As" des Ersten Weltkriegs, hatte es nicht einmal geschafft, vom Boden abzuheben. Byrd hatte seine Maschine bei einem Testflug zu Schrott geflogen. Davis endete in einem Sumpf in Virginia. Und nur zwei Wochen vor Lindberghs Start waren die erfahrenen französischen Flieger Nungesser und Coli mit ihrer *Oiseau Blanc* irgendwo zwischen der Küste der Normandie und den Gestaden der Neuen Welt verschollen.

Doch das alles schreckte den jungen Mann von 25 Jahren nicht ab. Nichts überließ er dem Zufall, nächtelang spielte er alle Eventualitäten durch, studierte die Karten bis in die allerletzte Einzelheit. Lindbergh setzte seine Hoffnungen auf die Nordroute: New York, Neufundland, dann im großen Bogen über Saint John's hinaus auf den Atlantik.

Am 27. Mai 1927, um 7.52 Uhr Ortszeit, startete die *Spirit of St. Louis* vom New Yorker Roosevelt-Flughafen. Im Tank waren 2030 Liter Treibstoff. Die Maschine schien endlos zu rollen, bis sie endlich schwerfällig abhob und dann bei Rückenwind eine Durchschnittsgeschwindigkeit von 160 km/h erreichte. Lindbergh hatte nur ein Sandwich gegessen und zwei weitere als Reiseproviant dabei: Er setzte darauf, daß ihn der Hunger wachhalten würde. Nach neun Stunden war er über dem Meer. Als er Saint John's erreichte, die Hauptstadt Neufundlands, wurde es bereits dunkel. Ab jetzt gab es keine Landemöglichkeit mehr bis Europa – das heißt, auf den nächsten 3200 Kilometern. „Ich bin über dem Atlantik mehr als 1500 Kilometer durch Regen und Hagel geflogen," sollte er später erzählen.

Ein heimtückischer Gegner

Schon bald trat ein heimtückischer Gegner auf den Plan: die Müdigkeit. Lindbergh war darauf gefaßt gewesen, aber der Kampf wurde härter, als er gedacht hatte. „Könnte ich mich auf ein Bett werfen, ich würde auf der Stelle einschlafen. Meine Augen sind schwer wie Steine, und die Lidmuskeln ziehen die Lider mit nahezu unwiderstehlicher Macht herab", schrieb Lindbergh später.

In der 19. Stunde erreichte er die 2000-Kilometer-Marge. Die Hälfte hatte er hinter sich. „Ich

Charles Lindbergh vor seiner *Spirit of St. Louis*, dem Flugzeug, dem er so viel zu verdanken hatte.

Auf dem Flughafen Le Bourget hatten sich so viele Menschen eingefunden, um Lindbergh zu begrüßen, daß die Landebahn abgesperrt werden mußte.

fliege mit zurückgelehntem Kopf, hefte die Augen auf die Handvoll Sterne über mir und senke sie von Zeit zu Zeit, um mich zu vergewissern, daß ich auf dem richtigen Kurs bin." Etwa 400 Kilometer weiter sah Lindbergh am Horizont plötzlich die hügelige Küstenlinie. Aber nein, es war nur ein Trugbild. Erschöpft nickte er einen Moment ein. Er schreckte hoch, besprengte sich das Gesicht mit Wasser, trank etwas, streckte den Kopf aus der Kanzel, ohrfeigte sich links und rechts – und schlief wieder ein.

Als Lindbergh wieder zu sich kam, war er nur noch 30 Meter über dem Wasser. Um nicht noch einmal in die Gefahr zu geraten einzunicken, beschloß er, von nun an dicht über den Wellen weiterzufliegen.

Nach 27 Stunden in der Luft sah Lindbergh erneut Land. Und dieses Mal war es wirklich Irland! Noch ein paar Stunden, und er folgte der Küste Englands nach Süden. Dann erreichte er Cherbourg, Deauville, die Seinemündung. Es war bereits dunkel, als die Lichter von Paris vor ihm auftauchten. Lindbergh erkannte den Eiffelturm – er hatte es geschafft. Die Anspannung löste sich. Aber es war noch zu früh. Lindbergh konnte den Flughafen nicht finden und kreiste verzweifelt über den Dächern von Paris.

In Le Bourget wurde die Menge ungeduldig. Sobald im Radio die Nachricht von der Ankunft des Flugzeugs aus Amerika gekommen war, waren Hunderte von Menschen auf das Flugfeld geeilt.

Um 23.19 Uhr setzte die *Spirit of St. Louis* auf dem taghell erleuchteten Flugfeld auf. Im Tank waren noch 34 Liter Treibstoff.

Triumphaler Empfang in Paris

Der frischgebackene Held von der anderen Seite des Atlantiks erlebte einen triumphalen Empfang. Bis um vier Uhr morgens erzählte er die Geschichte seines Flugs von einem Kontinent zum anderen: Über 33 Stunden lang war er in der Luft gewesen, mehr als die Hälfte davon über dem Meer.

Am nächsten Tag empfing Präsident Gaston Doumergue den Rekordflieger im Elyseepalast und verlieh ihm das Kreuz der Ehrenlegion. John Calvin Coolidge, der amerikanische Präsident, stellte ihm das Kriegsschiff *Memphis* für die Rückreise zur Verfügung.

Zu Hause in Amerika erwartete Lindbergh ein gigantischer Empfang. Der Kongreß verlieh ihm die Tapferkeitsmedaille, und er wurde zum Oberst der Reserve ernannt. Der Strom der Ehrungen aus aller Welt wollte und wollte nicht abreißen. Lindbergh genoß seine Popularität in vollen Zügen und flog in seiner *Spirit of St. Louis* kreuz und quer durch die USA.

Amerika ist erschüttert

Schließlich war Lindbergh den ganzen Rummel dann doch leid und versuchte, wieder ein normales Leben zu führen. Er arbeitete für Transcontinental Air Transport und wurde technischer Berater bei Pan American Airways. Im Mai 1929 heiratete er Anne Spencer Morrow, eine Tochter des amerikanischen Botschafters in Mexiko.

Am 1. März 1932 brach dann eine Tragödie über die Lindberghs herein, die ganz Amerika erschütterte. Der 20 Monate alte Charles Junior – von den Amerikanern zärtlich „Little Eaglet" genannt – wurde aus dem Haus der Familie in Hopewell, New Jersey, entführt. Der Entführer forderte 50 000 Dollar Lösegeld. Die Familie zahlte. Vergebens. Nach langen Wochen wurde am 12. Mai die Leiche des Kindes gefunden. Der vermutliche Entführer, Bruno Hauptmann, wurde kurz darauf gefaßt und 1936 hingerichtet.

Durch die Ermordung ihres Kindes schwer geprüft und auf Schritt und Tritt von Journalisten verfolgt, kehrten Charles Lindbergh und seine Frau Amerika den Rücken. Im Dezember 1935 trafen sie in Frankreich ein. Lindbergh gehörte schon nach kurzer Zeit zu den engsten Mitarbeitern von Dr. Alexis Carell und arbeitete an einer medizintechnischen Entwicklung mit: einer Perfusionspumpe, mit deren Hilfe ein künstliches Herz funktionieren sollte.

In Deutschland bei Göring

Auf Einladung des Oberkommandierenden der deutschen Luftwaffe, Hermann Göring, reiste Lindbergh nach Deutschland, um dort als Zivilist einen Orden, den Adlerschild des deutschen Reiches, entgegenzunehmen.

Bei Kriegsausbruch in Europa gingen die Lindberghs in die USA zurück. Charles kam ins Gerede durch sein Engagement für das ultrakonservative Komitee „America First", eine Organisation, die jegliche amerikanische Intervention in Europa ablehnte. Sein Amt als Oberst (Colonel) der Reserve

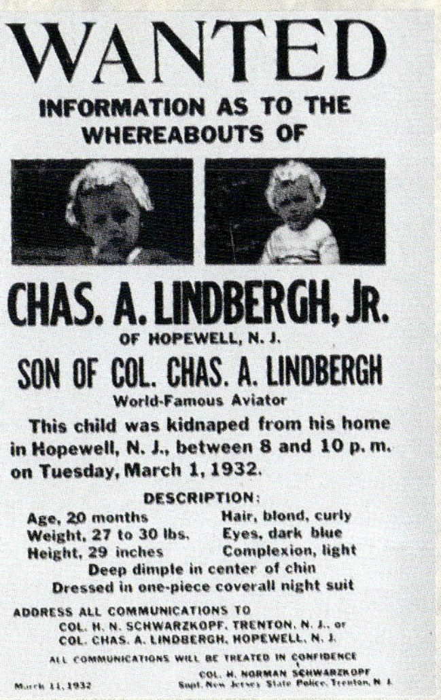

WANTED

INFORMATION AS TO THE WHEREABOUTS OF

CHAS. A. LINDBERGH, JR.

OF HOPEWELL, N. J.

SON OF COL. CHAS. A. LINDBERGH

World-Famous Aviator

This child was kidnaped from his home in Hopewell, N. J., between 8 and 10 p. m. on Tuesday, March 1, 1932.

DESCRIPTION:

Age, 20 months	Hair, blond, curly
Weight, 27 to 30 lbs.	Eyes, dark blue
Height, 29 inches	Complexion, light

Deep dimple in center of chin

Dressed in one-piece coverall night suit

ADDRESS ALL COMMUNICATIONS TO

COL. H. N. SCHWARZKOPF, TRENTON, N. J., or

COL. CHAS. A. LINDBERGH, HOPEWELL, N. J.

ALL COMMUNICATIONS WILL BE TREATED IN CONFIDENCE

March 11, 1932

COL. H. NORMAN SCHWARZKOPF
Supt. New Jersey State Police, Trenton, N. J.

Diese Suchanzeige für den kleinen Charles Junior trieb den Amerikanern 1932 die Tränen in die Augen.

legte Lindbergh nieder und zog auch erbittert gegen Roosevelt zu Felde. Er ging soweit, den Präsidenten der USA des Landesverrats zu bezichtigen.

Als die Vereinigten Staaten dann schließlich doch in den Krieg eintraten, wollte der Ex-Colonel in die Air Force. Roosevelt lehnte dies kategorisch ab. Lindbergh hatte keine Chance, nicht einmal als einfacher Soldat. Er mußte sich mit einem Posten als Zivilingenieur in einer Flugzeugfabrik begnügen. Aber selbst in dieser Eigenschaft flog er mehrere Einsätze über dem Pazifik.

Nach dem Krieg widmete Lindbergh sich seiner Frau und den fünf Kindern. Jetzt hatte er endlich Zeit, um die Geschichte seiner Atlantiküberquerung aufzuschreiben. Für *The Spirit of St. Louis* wurde er 1953 mit dem Pulitzer-Preis ausgezeichnet. Und ein Jahr später kam dann auch die endgültige Rehabilitierung; auf Betreiben Eisenhowers wurde Lindbergh jetzt sogar General der Reserve.

Geistige Kehrtwendung

Der wohl berühmteste Pionier der Luftfahrt wurde mit zunehmendem Alter zu einem erklärten Gegner des technischen Fortschritts. Als Lindbergh 1962 von John F. Kennedy ins Weiße Haus geladen wurde, weigert er sich, dem Astronauten John Glenn die Hand zu schütteln, da, wie er meinte, die Erforschung des Weltraums geistiger Art sein müsse.

Am 20. Mai 1974 wurde Charles Lindbergh in eine New Yorker Klinik eingeliefert. Er hatte Krebs. Am 26. August, eine Woche nach seiner Entlassung aus dem Krankenhaus, starb er im Alter von 72 Jahren auf Hawaii. Er wurde unter einem tropischen Feigenbaum begraben.

„Charles Lindbergh hat sich einen Platz in der Geschichte erobert. Der einsame Adler verkörperte die höchsten Tugenden dieses Landes: Redlichkeit, Mut und das Streben nach Größe. Seine kühne Tat wird nie vergessen werden", erklärte der damalige Präsident, Gerald Ford, in einem Nachruf.

Als Charles Lindbergh am 21 Mai 1927 um 23.19 Uhr auf dem Pariser Flughafen Le Bourget landete, hatte er noch 34 Liter Treibstoff im Tank. Über 33 Stunden hatte er in der Luft verbracht, mehr als die Hälfte davon über dem Meer.

Rechts:
Südlich von La Crosse weitet sich der Mississippi zu einem See, auf dem sich Silberreiher und Pelikane tummeln.

Unten:
Die Effigy Mounds zählen zu den spektakulärsten Sehenswürdigkeiten des Mississippi-Tals. Die grasbewachsenen Hügel stammen aus dem 9. und 10. Jahrhundert und geben den Archäologen so manches Rätsel auf. Auf manchen sind Tiergruppen dargestellt (hier beispielsweise Bären); die Umrisse sind oft nur aus der Luft zu erkennen.

blieb aus, und außer der Hauptstraße gibt es nur eine Reihe Holzhäuser, die Route 61, eine eingleisige Eisenbahntrasse und dahinter Felder, so weit das Auge reicht.

Das etwas weiter südlich gelegene La Crosse schnitt besser ab und entwickelte sich zu einer der größeren Städte von Wisconsin. Ihre Lage an der Einmündung von Black River und La Crosse River in den Mississippi ist einzigartig. Sechzig Meter hohe Felswände, die hier den Fluß überragen, bieten einen wundervollen Panoramablick über den Strom. Für die Sioux ist dies ein Ort schmerzlicher Erinnerung an das Jahr 1832: Die Weißen hatten die Indianer mit Hilfe von reichlich Feuerwasser und Einschüchterungen dazu verleitet, einen Vertrag zu unterschreiben, der ihnen das Gebiet der Sioux für einen Spottpreis überließ. Ein Sioux mit Namen Schwarzer Falke kündigte die ungerechten Abmachungen auf und setzte sich an die Spitze eines bewaffneten Aufstands. Die Weißen antworteten mit einem brutalen Gegenschlag, bei dem die Indianer ohne Ansehen von Alter oder Geschlecht hingemetzelt wurden; einige wenige überlebten, unter ihnen Schwarzer Falke. Zynisch huldigten die Amerikaner nun seiner Tapferkeit und machten eine Art Held aus ihm. Die Presse begleitete seine anschließende Reise nach Washington mit Beifall. Das Ganze hatte Methode: Auf diese Weise strichen die Weißen den Glanz ihres eigenen Sieges heraus.

Die Stadt La Crosse verdankt ihren Namen einem Spiel der Indianer. Dabei stehen sich zwei Mannschaften gegenüber, ausgerüstet mit Schlägern, an deren Ende sich ein Netz befindet – eine Kreuzung zwischen einem Hockeyschläger und einem Kescher. Mit diesem Netz spielt man einander einen Lederball zu; Ziel ist, ihn in das gegnerische Tor zu befördern. Heute wird das Spiel unter dem Namen Lacrosse in den USA wieder gepflegt.

Von La Crosse bis zum Golf von Mexiko sind es noch 2600 Flußkilometer, bei einem Höhenunterschied von 200 Metern. Nun tritt der Mississippi in den Staat Iowa ein. Er verläßt damit die Ebenen mit Weizenfeldern und erreicht das bedeutendste Maisanbaugebiet der USA. Dieser Mais wird sogar nach Europa und Asien exportiert – ein großer Erfolg für die Farmer dieser Region, die lange Zeit im Schatten der Weizenproduzenten gestanden hatten. Die meisten Maisfarmer haben 500 bis 600 Hektar

Links:
Die Brücke von Fort Madison gehört zu den längsten Straßen- und Eisenbahnbrücken der Welt. Die Fahrt über den mehr als einen Kilometer breiten Mississippi ist sowohl mit dem Zug als auch mit dem Auto ein Erlebnis.

Folgende Doppelseite:
Der Zusammenfluß von Chippewa River und Mississippi.

Anbaufläche; mit der Aufwertung ihres Produkts wurden die Maisfarmer zu reichen und angesehenen Leuten, die von den Politikern aller Parteien umworben werden.

Zeugnisse der Mississippi-Kultur

Einige Kilometer vor dem Zusammenfluß mit dem Wisconsin durchfließt der immer noch von hohen Felsen überragte Mississippi eine archäologische Fundstätte, die den Forschern immer noch Rätsel aufgibt. Die „Effigy Mounds" stammen vermutlich aus dem 9. bis 10. Jahrhundert n. Chr.: Es handelt sich um Steinhügel, die mit Erde und Gras bedeckt sind; auf einigen von ihnen sind Tiere dargestellt, beispielsweise Vögel und Bären. Die Form der größten Mounds, die bis zu 40 Meter Umfang haben, wird erst sichtbar, wenn man sie aus der Luft betrachtet. Handelt es sich um Grabstätten verdienter Krieger? Hatten die Hügel einen symbolischen oder einen praktischen Zweck? Nur eines weiß man mit Sicherheit: Sie sind das Werk der „Mississippi-Kultur". Die Bräuche dieser Kultur wurden bei der Ankunft der Europäer nur noch von wenigen Indianerstämmen gepflegt, und auch bei diesen gerieten sie allmählich in Vergessenheit.

Um das Wasser des Wisconsin bereichert, tritt der Mississippi in seinen turbulentesten Abschnitt ein; er teilt sich in zahlreiche Arme, die waldige Inseln umschließen oder sich in Sümpfen verlieren. Die Karten von dieser Gegend sind überholt, bevor sie gedruckt werden: Der Hauptstrom verändert unablässig sein Bett. Nachdem er durch Dubuque geflossen ist, benannt nach Jacques Dubuque aus Quebec, der sich mit dem Stamm der Fox verbündete, bewässert er auf dem linken Ufer Illinois, auf dem rechten weiterhin Iowa. Nur 230 Kilometer östlich liegt Chicago.

Nun erreicht der Fluß die „Quad Cities" Moline, Rock Island, Davenport und Bettendorf, ein Zentrum der Produktion von landwirtschaftlichen Maschinen. Kurz bevor er die Grenze zwischen Iowa und Missouri überquert und den Des Moines River aufnimmt, fließt er unter der Bahn- und Straßenbrücke von Fort Madison dahin, die über einen Kilometer lang ist. Die nächste beeindruckende Begegnung wird die mit dem Missouri sein, der seine schlammigen, auf einem Lauf von 4730 Kilometern gesammelten Wasser mit denen des Mississippi vermischt.

Der Bundesstaat Iowa zählt zu den wichtigsten Agrarregionen der USA. Seine Maisfelder sind die größten der Erde und beliefern auch den europäischen und den asiatischen Markt.

DAS TOR ZUM WESTEN

Zu Beginn des 19. Jahrhunderts waren die Amerikaner ziemlich weit in den Westen und Südwesten des Landes vorgedrungen, aber nur wenige bis zum Pazifik. Die meisten Pioniere empfanden den Mississippi als „blaue Grenze“, hinter der eine unbekannte Wildnis begann. War es wirklich nötig, sich so weit vorzuwagen? Zumal die Flußniederung besonders fruchtbar war und allein aus diesem Grund viele Pioniere zum Bleiben verlockte.

War also der Kauf von Louisiana, das sich westlich von den Großen Seen bis zum Golf von Mexiko und vom Mississippi bis zu den Rocky Mountains erstreckte, für die Amerikaner wirklich ein gutes Geschäft? Als Präsident Jefferson mit Napoleon in Verhandlung trat, hatte er keine Ahnung von den weiten Ebenen, die zwei Drittel des nordamerikanischen Kontinents ausmachen. Die Berichte der Trapper, die dort gewesen waren, klangen nicht so, als ob einladende Landstriche geradezu auf eine Besiedelung warteten. Um Klarheit zu schaffen, beschloß Jefferson im Jahre 1803, zwei Männer auf Erkundungsfahrt zu schicken. Meriwether Lewis und William Clark sollten den Fluß hinauffahren und Karten zeichnen. So begann das große Wildwest-Abenteuer.

Ausgangspunkt der Expedition von Lewis und Clark – wie für die Pioniere, die ihnen später folgen sollten – war Saint Louis. Die alte französische Handelsniederlassung, welche die Grenze zum alten Süden markiert, wurde auch zum Tor des Westens. Hier, am Zusammenfluß von Mississippi und Missouri, ändert sich alles. Das zeigte sich vor allem in der bewegten Geschichte des vergangenen Jahrhunderts. Als vor etwas mehr als 130 Jahren der große Bürgerkrieg zwischen den Staaten des Nordens und denen des Südens ausbrach, war die Sklaverei, die die Grundlage der Landwirtschaft des Südens bildete, einer der Kriegsgründe – wenn auch keineswegs der einzige. Am Mississippi und seinen Nebenflüssen entschied sich dieser Krieg, nicht zuletzt durch das Eingreifen der Flottenverbände des Nordens.

Der „Sezessionskrieg“, wie er auch genannt wird, stürzte den Süden nach seiner Niederlage nicht nur in eine wirtschaftliche, sondern auch in eine kulturelle Krise. Das alte Selbstverständnis und die traditionellen Gesellschaftsstrukturen taugten nicht mehr, um die Probleme der neuen Zeit zu lösen. Nur der Mississippi floß wie eh und je seiner Mündung entgegen.

Oben:
Der Gateway Arch in Saint Louis erinnert an die ersten Siedler, die im 19. Jahrhundert von hier aus nach Westen aufbrachen. Der 192 Meter hohe Stahlbogen am Ufer des Mississippi markiert den Beginn des Unterlaufs – somit ist Saint Louis auch das Tor zum Süden.

Gegenüber:
Der Mississippi ist einer der wirtschaftlich bedeutendsten Transportwege der Vereinigten Staaten. Das Foto zeigt den Mississippi bei der Industriemetropole Baton Rouge.

Rechts:
Einige Kilometer nördlich der Einmündung des Wisconsin River: Ein Blick von der Prairie du Chien – der Hundeprärie – auf den Mississippi.

Unten:
Waldläufer, Trapper und Jäger bildeten bei der Eroberung des Westens die Vorhut. Sie waren mit der rauhen Natur bestens vertraut und dienten den Siedlern oft als Pfadfinder und auch als Beschützer, wenn Indianerstämme feindselig auf den Vormarsch der weißen Pioniere reagierten.

Der Mississippi, die „blaue Grenze"

Der Begriff Grenze – ein Lieblingsmotiv der amerikanischen Literatur und Geschichte – war immer eng mit den Wanderungsbewegungen nach Westen verbunden. Die Grenze nach Westen war verschiebbar, und je mehr Menschen vom Atlantik her in die weiten Ebenen strömten, desto schneller konnte sich die Nation ausdehnen. Dies hat die amerikanische Mentalität nachhaltig geprägt. Die Grenze weiter hinauszuschieben, aus eigener Kraft, war eine Herausforderung, der sich viele stellen wollten.

Das Vordringen der Siedler in den nordamerikanischen Kontinent vollzog sich in drei Etappen – jede von ihnen eine Grenzüberschreitung. Die erste Grenze zog sich um den Küstenstreifen am Atlantik. Sie öffnete sich bereits im 18. Jahrhundert, als man den Oberlauf der Küstenflüsse hinaufzog und die Appalachen überwand: Es war um das Jahr 1780, daß man von den beiden Küstenstaaten Virginia und Carolina aus im gesamten Gebiet der heutigen Staaten Kentucky und Tennessee zu siedeln begann. Grenze dieser Landnahme waren der Ohio und der Mississippi. Die letzte Etappe war dann das Wagnis, das größer war als alle anderen: Der Vorstoß in die Weiten des Wilden Westens.

Zwischen Appalachen und Mississippi

Ab 1790 – George Washington war seit einem Jahr Präsident – nahm die Zahl der Siedler, die am östlichen Mississippi-Ufer eintrafen, ständig zu. Die vielen Tausende, die kamen, fanden dort mehrere Millionen Hektar bebaubares Land vor. Zwischen Nashville und Natchez folgten ihre Siedlungen dem Flußlauf. Die Blockhütten, oft in zwei Tagen hochgezogen, hatten meist keine Fenster, nicht einmal Luftlöcher. Die hygienischen Verhältnisse, unter denen die Einwanderer lebten, waren mehr als dürftig.

Dennoch stiegen die Bevölkerungszahlen gewaltig. Im Jahre 1777, bald nach dem Unabhängigkeitskrieg, wanderten 10 000 Menschen in Kentucky und Tennessee ein; damit hatte diese Region über 100 000 Einwohner. In den Jahren 1817 und 1819 wurden die Staaten Mississippi und Alabama gegründet; innerhalb von zwanzig Jahren hatte sich ihre Einwohnerzahl verfünffacht.

Die Vorhut des eigentlichen Siedlertrosses bildeten mittellose Kleinbauern, Angehörige christlicher Sekten, Jäger, Trapper und alle möglichen Abenteurer. Sie fällten Bäume oder betrieben

Der Reelfoot Lake auf halber Strecke zwischen den Städten Cairo und Memphis ist sicherlich ein Überbleibsel der berühmt-berüchtigten Mississippi-Überschwemmungen, unter denen die Gegend früher schwer litt. Der Fluß ist hier bisweilen über einen Kilometer breit. Die Bäume im See vermitteln einen Eindruck davon, wie unpassierbar diese Grenze den Pionieren einst erschienen sein muß.

Brandrodung, pflügten das Land. Sie bauten Mais und andere Getreidesorten an. Ergänzt wurde der Speiseplan durch Wild, Hausschwein und Früchte. Das schwere Leben machte die Menschen hart. Die Siedler verteidigten ihr Fleckchen Erde notfalls mit Gewalt; die Friedensrichter hatten es schwer, Recht und Ordnung durchzusetzen. Wer an der Grenze siedelte, war an Extreme gewöhnt; ein sicheres, behagliches Leben war nicht möglich und wurde auch gar nicht erwartet. Wenn das Land an Fruchtbarkeit einbüßte, war man schnell bereit, es zu verkaufen und weiter nach Westen zu ziehen.

Siedler eignen sich Indianerland an

Bald kam es zu Konflikten zwischen den Siedlern und den Indianern. Obwohl mit den Stämmen Verträge abgeschlossen wurden, erwiesen sich diese als sinnlos, denn die Eindringlinge hielten sich nicht daran. Sie fielen in immer größeren Scharen in die Jagdgründe der Indianer ein, töteten das Wild und gefährdeten so die Ernährung der dort lebenden Menschen. Viele Einwanderer waren durch das Leben an der Grenze so abgebrüht, daß sie jeden Indianer, der ihnen in den Weg lief, niedermetzelten.

Natürlich wehrten sich die Indianer, was sie viele Menschenleben kostete und den Weißen nur Vorwände zu weiteren Raubzügen lieferte. Dem unaufhaltsamen Vordringen des Weißen Mannes hatten die Indianer wenig entgegenzusetzen; nach und nach wurden sie auf die andere Seite des Mississippi umgesiedelt, in ein Land, das die Siedler für unfruchtbar hielten. Im Jahre 1840 hatte man die Mehrheit der Indianer in der Gegend des heutigen Oklahoma zusammengetrieben. Nun konnten die Weißen das als besonders fruchtbar geltende Mississippi-Tal unwiderruflich besiedeln. Das Eisenbahnnetz, das östlich des Mississippi immer mehr erweitert wurde, spielte eine entscheidende Rolle dabei, die Präsenz des Weißen Mannes zu stabilisieren.

Als sich die Blicke auf die Gebiete westlich des Mississippi richteten, waren es wiederum die Trapper, die sich als erste in die Weiten des Westens wagten. Und Politiker wie Abraham Lincoln machten sich Gedanken über die Bedeutung jener Gebiete für die junge Republik. So gesehen war der Mississippi nur eine Etappe auf dem Weg der weißen Amerikaner nach Westen.

Mehr als 5000 Indianer versammelten sich im September 1825 auf der Prairie du Chien zur Unterzeichnung des sogenannten Hundeprärie-Vertrages. Die Stämme der Chippewa, Sioux, Sauk, Fox, Winnebago, Potawastomi, Iowa und Ottawa waren vertreten. Wie so oft war dieser Vertrag nichts als ein Trick, mit dessen Hilfe die Weißen für wenig Geld indianisches Land an sich rissen.

Rechts:
Am 30. April 1803 wurde die französische Trikolore zum letztenmal gehißt, weil Louisiana an die Vereinigten Staaten verkauft worden war. Schon damals waren zwei Drittel der 10 000 Einwohner der Kolonie amerikanische Staatsbürger.

Unten:
Thomas Jefferson, der dritte Präsident der USA, hatte den Franzosen Louisiana abgekauft. Er war überzeugt, daß im urwüchsigen Westen eine Besiedlung möglich war.

Der Weg in den Wilden Westen

Endlose Graslandschaften, die sich über Hunderte von Kilometern erstrecken, bedrohliche Wüsten, gewaltige Felskegel, die wie Festungen unvermittelt emporragen – der Westen ist eine unheimliche Wildnis, in der landschaftliche Gegensätze hart aufeinandertreffen. Zu Beginn des 19. Jahrhunderts teilte die „blaue Grenze", wie der Mississippi genannt wurde, Nordamerika in zwei ungleiche Teile: im Osten ein Drittel, das bereits kolonisiert war, in Westen zwei Drittel, die es noch zu erobern galt. Dieses Land, in dem viele Mutige ihre Zukunft sehen sollten, war etwa sechzehnmal so groß wie Deutschland heute.

Lewis und Clark: Die erste Entdeckungsfahrt

Präsident Thomas Jeffersons Aufruf zur Eroberung des Westens – jenes Präsidenten, der 1803 den Franzosen Louisiana abgekauft hatte – wurde in Saint Louis in die Tat umgesetzt. Die Stadt, die fünfzig Jahre zuvor von dem Franzosen Pierre Laclède gegründet worden war, um „mit den Wilden, die auf der anderen Seite des Flusses leben, einen Fellhandel eröffnen zu können", bot sich für Entdeckungsreisen in den Wilden Westen als Ausgangspunkt an.

Die erste Expeditionsreise ging in den Norden. Jefferson wollte wissen, was von dem neuerworbenen Land, mit dem sich das Staatsgebiet der jungen Republik mit einem Schlag verdoppelt hatte, zu erwarten war. Zwei Männer wurden beauftragt, sich in dem Neuland umzusehen und zu erkunden, welche Bodenschätze es möglicherweise barg: Meriwether Lewis, Jeffersons Sekretär für besondere Angelegenheiten, und William Clark, ein Zeichner, der nicht mehr im Berufsleben stand. Die beiden sollten dem Fluß bis zur Wasserscheide hinauf folgen und auf der anderen Seite einen Wasserweg zum Pazifik ausfindig machen. Die Expedition war endlich auch die Gelegenheit, die berühmte „Route nach Kathai" zu entdecken. Sowohl die Spanier als auch die Franzosen hatten sie früher vergeblich gesucht. Außerdem sollten Lewis und Clark von allen Gebieten, durch die sie kamen, Landkarten erstellen und eine Sammlung von Proben aus der jeweiligen Tier- und Pflanzenwelt anlegen. Ein besonderes Interesse galt natürlich den Pelztieren.

Im Frühjahr des Jahres 1804 startete die Expedition mit einer Mannschaft von vierzig Leuten – Soldaten und Zivilisten – von

Wo sich die schlammhaltigen Wasser des Missouri mit denen des Mississippi vereinen, entstand die Stadt Saint Louis. Sie war zu Beginn des 19. Jahrhunderts der Ausgangspunkt für die Expedition von Lewis und Clark, die im Auftrag von Präsident Jefferson den Westen des Kontinents erkunden sollten. Später machten sich von hier aus die Pioniere und Siedler auf den Weg in den Westen. Heute ist die lebendige Stadt das Tor zum Süden.

Saint Louis aus, wo man den vorangegangenen Winter mit Reisevorbereitungen zugebracht hatte. Marschrichtung war Norden. Über den Missouri erreichten sie das nördliche Dakota, und von dort ging es auf Trapperpfaden weiter in Richtung Westen. Im Hochsommer gelangten sie an die Rocky Mountains, passierten die Wasserscheide und stiegen auf der anderen Seite des Gebirges wieder hinunter. Über den Columbia stießen sie zum Pazifik vor, wo sie an der Mündung Fort Clatsop gründeten und ihr Winterquartier aufschlugen. Es war November 1805 – Lewis, Clark und ihre Leute hatten 6000 Kilometer zurückgelegt.

Doch damit war es noch nicht getan: Nun galt es, ein größtmögliches Gebiet zu erforschen und möglichst viele Karten zu zeichnen. Im darauffolgenden Frühjahr teilte sich die Mannschaft in drei Gruppen auf, und auf drei verschiedenen Wegen ging es zurück. Im September 1806 trafen alle schwer beladen wieder in Saint Louis ein. Die Schiffe waren vollbepackt mit Schätzen, welche die Entdecker dem unbekannten Neuland entrissen hatten. Unterwegs hatten sie fruchtbare Landschaften und somit eine sichere Entwicklungsgrundlage für die Landwirtschaft entdeckt: Der Weg nach Westen schien also endlich frei zu sein.

Der Weg über den Süden

Die beiden folgenden Expeditionen versuchten, über den Süden einen Weg nach Westen zu finden. Die erste fand zwischen 1805 und 1807 statt; sie stand unter der Leitung von Leutnant Zebulon Pike. Er folgte dem Lauf des Arkansas River, überquerte die Rocky Mountains und erreichte über den Rio Grande das spanische Santa Fe. Bei dieser Gelegenheit entdeckte er die amerikanischen Wüstengebiete und kam deshalb mit ganz anderen Ansichten als Lewis und Clark über eine eventuelle landwirtschaftliche Nutzung des Neulandes zurück.

Im Jahre 1819 startete der Militäringenieur Stephen H. Long eine weitere Expedition, diesmal entlang dem Platte River, der zwischen dem Missouri und dem Arkansas auf den Mississippi zufließt. Auf der Suche nach den Quellen des Arkansas irrte Long mehrere Monate in den weiten Ebenen des Mittelwestens umher. Nach seiner Rückkehr erklärte er, das Land, das er gesehen habe, sei landwirtschaftlich auf keinen Fall nutzbar. Longs Be-

Diese Anzeige der Illinois Central Railroad Company erschien 1863 in der Wochenzeitung *Harper's Weekly*. Sie sollte die Siedler motivieren, nach Illinois zu kommen. Dieser Bundesstaat galt als der Garten der Vereinigten Staaten. Es war die große Zeit der Eisenbahngesellschaften, die den Siedlern den schwierigen Weg nach Westen ebneten.

Ein Wartesaal der Union Pacific Railroad gegen Ende des 19. Jahrhunderts. Die Menschen warten auf die Abfahrt in den unbekannten Westen. Seit 1869 sind die Linien der Union Pacific Railroad und der Central Pacific Railroad miteinander verbunden; sie bildeten die erste transamerikanische Eisenbahnstrecke.

richt, der den von Pike und seiner Expedition bestätigte, prägte bis weit in die sechziger Jahre des 19. Jahrhunderts hinein die öffentliche Meinung. Man ging allgemein davon aus, daß die Ebenen im Westen völlig unfruchtbar seien.

Der französische Wissenschaftler Joseph Nicollet verfaßte 1836 einen detaillierten Forschungsbericht über den Oberlauf des Missouri. John Frémont griff 1842 während seiner Expedition zu den Rocky Mountains gern auf diese Unterlagen zurück.

Die Frémont-Expedition

Da die Berichte der zweiten Expeditionsserie den Beschreibungen von Lewis und Clark größtenteils widersprachen, wünschte die Regierung in Washington genauere Karten von den erforschten Gebieten. Deshalb wurde 1838 innerhalb der Armee eine topographische Abteilung eingerichtet, zu der erfahrene Mitarbeiter wie William Emory und John Frémont zählten; beide waren an der 1802 gegründeten Militärakademie West Point ausgebildet worden. Frémont war Schüler des angesehenen französischen Wissenschaftlers Joseph Nicollet gewesen, der ein vollständiges Kartenwerk vom Oberlauf des Missouri erstellt hatte.

Im Jahre 1842 startete also eine neue Expedition in Richtung Rocky Mountains, diesmal unter der Leitung von Frémont. Mit von der Partie waren Kit Carson, ein allgemein sehr geschätzter Trapper, und der berühmte deutsche Kartograph Karl Preuß. Als Frémont im Frühjahr 1843 zurückkehrte, zeichnete er ein romantisch gefärbtes Bild des Westens, wie man es bisher nicht gekannt hatte. Nach Frémonts Beschreibung waren die weiten Ebenen durchaus für die Landwirtschaft geeignet, und vor seinem geistigen Auge sah er bereits überall Weidetiere grasen. Zur großen Erleichterung der Politiker interessierte man sich wieder für das „promised land", das „gelobte Land", wie es in Anlehnung an die Bibel genannt wurde, und zahlreiche Siedler wollten einen Neuanfang im Westen wagen.

Die Parole heißt: „Go West!"

Die Politiker waren von John Frémonts Berichten äußerst angetan, denn sie sahen in ihnen die langersehnte Lösung ihrer bevölkerungspolitischen Probleme. Bisher hatten die Einwanderer den Vereinigten Staaten einen beträchtlichen Zuwachs an Wirtschaftskraft gebracht, doch inzwischen waren die Ansiedlung der Immigranten und der Erwerb von Neuland schwieriger geworden. In den überbevölkerten Gebieten des Ostens herrschte Arbeitslosigkeit, und die Lebensbedingungen verschlechterten sich merklich. Und was Pike und Long berichtet hatten, hatte die Menschen nicht gerade motiviert, sich in Richtung Westen auf den Weg zu machen: Die *Terra incognita* schien allzu trocken und unwirtlich zu sein. Zudem wimmelte es dort nur so von teilweise recht kriegerischen Indianern, von Cheyenne, Sioux, Comanche, Crow, Blackfeet, Pawnee, Kiowa und Arapaho. Frémont zeichnete endlich ein anderes Bild des Westens, das den Siedlern im Osten verlockend scheinen mußte.

Hoffnung für die unerwünschten Immigranten

Besonders der Senator Thomas Hart Benton – er war Frémonts Schwiegervater und hatte diesen bei seiner Expedition maßgeblich unterstützt – startete großangelegte Werbekampagnen, die die Massen motivieren sollten, sich auf den Weg nach Westen zu machen. Zwischen 1820 und 1860 waren etwa fünf Millionen Europäer an der amerikanischen Ostküste eingetroffen: Iren, Polen, Deutsche, Italiener, Ungarn und Schweizer. Die Küstenstädte weigerten sich, sie aufzunehmen, und so zogen sie gleich weiter in den unbekannten Westen, in der Hoffnung, dort einen Neuanfang wagen zu können. Für Millionen von mittellosen Männern und Frauen, die außer ihrer Entschlossenheit nichts besaßen, war „Go West!" die letzte Möglichkeit, doch noch etwas aus ihrem Leben zu machen. Schließlich passierte man also die „blaue Grenze", und die Expansionsträume der jungen amerikanischen Nation wurden langsam Wirklichkeit.

Die Niederungen des Illinois, eines östlichen Nebenflusses des Mississippi, eignen sich gut für den Anbau von Weizen, Mais und Baumwolle. Seit den siebziger Jahren des vorigen Jahrhunderts jedoch ließ man hier immer mehr Land brachliegen. Mit Eröffnung der transkontinentalen Eisenbahnlinie zog es die Siedler in den als besonders fruchtbar geltenden Westen.

William Cody alias Buffalo Bill

Kindheit in Kansas

Isaac und Mary Cody wanderten 1853 von Norden nach Kansas ein; sie gehörten zu den ersten Siedlern dieser Region. Die beiden wohnten mit drei Söhnen und vier Töchtern in Salt Creek Valley.

Als die Frage der Sklaverei die Bevölkerung spaltete, engagierte sich Isaac in Salt Creek für die Abschaffung der Sklaverei. Auf einer politischen Versammlung wurde er 1855 schwer verletzt. Als er drei Jahre später starb, war auf einmal der junge William Frederick für die Familie verantwortlich.

Obwohl Mary Cody auf eine gute Ausbildung der Kinder großen Wert legte, war der dreizehnjährige Bill gezwungen, für den Lebensunterhalt der Mutter und Geschwister zu sorgen. Zunächst arbeitete er bei der Transportfirma Russel, Majors & Waddell als reitender Bote zwischen dem Büro und dem nächsten Telegrafenamt. Nach kurzer Zeit wechselte er zu dem privaten Postunternehmen Pony Express. Als er im November 1863 einen Transport nach Denver begleitete, erhielt er die Nachricht, daß seine Mutter schwer erkrankt war. Er eilte nach Hause, und nur wenige Tage später starb die Mutter.

Als Soldat im Bürgerkrieg

Der verwaiste junge Mann suchte Trost im Alkohol und verkehrte in den übelsten Spelunken. Es sah nicht gut aus für ihn, doch die Ankunft des 7. Kavallerie-Regiments von Kansas in Leavenworth zu Beginn des Jahres 1864 gab seinem Leben eine neue Richtung: Er wollte im Bürgerkrieg auf Seiten der Konföderierten mitkämpfen. So schloß er sich diesem Regiment an und kämpfte in Tennessee. Anschließend war er bei der Verteidigung von Saint Louis dabei.

Nach dem Ende des Bürgerkriegs heiratete Bill Cody die Krankenschwester Louisa Frederici und gründete am Westufer des Big Creek die Stadt New Rome. Ausschlaggebend für die Wahl des Standorts war der geplante Verlauf der Eisenbahnstrecke. Doch wieder war das Schicksal Bill Cody nicht hold: Die Bahnstrecke machte einen Bogen um New Rome.

William Cody bewies in den Indianerkriegen außerordentlichen Mut und kannte sich in den Prärien westlich des Mississippi aus wie kein zweiter. Damals machte er sich erstmals einen Namen als erfahrener Bisonjäger.

Das 1860 gegründete Postunternehmen Pony Express hatte zahlreiche Waisen unter seinen Angestellten. Cody war einer der 400 Boten, die die Strecke vom Missouri nach Kalifornien in weniger als zehn Tagen zurücklegten.

Bill Cody trat für 18 Monate in das 10. Kavallerie-Regiment ein. Bei einer Bisonjagd wurde Colonel George Graham auf ihn aufmerksam: Er sah, wie Bill innerhalb weniger Minuten elf Bisons erlegte. Während seiner Dienstzeit beim 10. Regiment brachte Cody es auf sage und schreibe 4280 erlegte Bisons.

Allmählich wurde Buffalo Bill bekannt. Der Jäger und Pionier erhielt von General Sheridan den Befehl über die Scouts des 5. Kavallerie-Regiments. In den Indianerkriegen zeigte Cody in den gefährlichsten Situationen Mut und Entschlossenheit.

Nun wollte sogar jemand ein Buch über ihn schreiben: Der Schriftsteller Ned Buntline wich dem Helden wochenlang nicht von der Seite, um Material für ein Buch zu sammeln.

Der berühmteste Jäger der Welt

Buffalo Bill pflegte sein Image sorgfältig. Im Jahre 1868 organisierte er eine Bisonjagd, in der er sich mit William Comstock – bekannt als Medizin-Bill – messen wollte. Die Werbetrommeln wurden kräftig gerührt, und rund hundert Neugierige aus Saint Louis schauten von einem Sonderzug aus dem Spektakel zu. Buffalo Bill streckte mit seinem Karabiner, der berühmten Lucretia Borgia, 69 Bisons nieder und gewann somit den Meistertitel der Bisonjäger, denn sein Gegenspieler schaffte *nur* 46 Bisons.

Beim Zarensohn

Ähnlich werbewirksam war die Jagd, die Cody für den russischen Großherzog Alexis veranstaltete, den drittältesten Sohn von Zar Alexander II. Der Zar hatte Präsident Grant darum gebeten, den Prinzen während seines USA-Besuchs auch in den Westen zu schicken. Indianerhäuptlinge und namhafte Offiziere wie General Custer nahmen an der Expedition teil. Cody überließ dem Großherzog sein Pferd und sein Gewehr, womit dieser seinen ersten Bison zu Boden streckte. Der überglückliche Prinz überhäufte seine Gastgeber mit Geschenken. Buffalo Bill bekam einen Pelzmantel, eine diamantene Krawattennadel und kostbare Manschettenknöpfe.

Ein Plakat für die Europatournee von „Buffalo Bill's Wild West Show"

Ein Buch über Buffalo Bill

Als im Dezember 1869 Nedlines Buch mit dem Titel Buffalo Bill, King of the Border Men (Buffalo Bill, König der Westmänner) erschien, erreichte Codys Ruhm neue Dimensionen. Auf einmal war auch in Europa der Name Buffalo Bill ein Symbol für den Wilden Westen.

Doch Codys Jagden waren keineswegs immer sportlicher Natur. In seiner zeitweiligen Eigenschaft als Fleischlieferant für die Eisenbahnarbeiter war Buffalo Bill maßgeblich an der Vernichtung der Bisonherden beteiligt.

Der Wilde Westen als Zirkusnummer

Im Jahre 1883 organisierte Buffalo Bill mit dem Meisterschützen Doc Carver, mit dem er in Fort McPherson stationiert gewesen war, eine Wildwest-Show. Das Spektakel setzte unter anderem 60 Pawnee- und Sioux-Indianer mit ihren Frauen und Kindern in Szene. Die erste Vorstellung fand am 17. Mai in Omaha, Nebraska, vor 8000 Zuschauern statt. Alles wurde aufgeboten, um eine Wildwest-Atmosphäre herzuzaubern: ein Überfall auf eine Postkutsche, wilde Schießereien und dramatische Bisonjagden.

Buffalo Bill trat 1885 gemeinsam mit Sitting Bull auf. Dieser legendäre Häuptling war eine besondere Attraktion der Wildwest-Show.

Sitting Bull und Annie Oakley

Im Jahre 1885 gastierte die Show schon in 40 Städten und spielte 100 000 Dollar ein. Hauptattraktion war der Auftritt des Indianerhäuptlings Sitting Bull, der einen Dreimonatsvertrag für die Show unterschrieben hatte. Ihn lockten nicht nur die 50 Dollar pro Monat, sondern auch die Aussicht, die Meisterschützin Annie Oakley sehen zu können. Sitting Bull reiste sogar mit nach Venedig.

Mit einer Truppe von mehreren Dutzend Indianern, Pferden und Bisons bereiste Cody die USA, England, Frankreich, Italien, Belgien, Deutschland, Österreich, und Ungarn. Bis 1908 folgten noch weitere Tourneen; alle waren ein triumphaler Erfolg.

Sonderaufführung in Windsor

Am 20. Juni 1887 feierte man auf Schloß Windsor in England das 50jährige Regierungsjubiläum von Königin Victoria. Als Überraschung für ihre Ehrengäste, zu denen die Könige von Belgien, Griechenland und Dänemark zählten, wünschte sich die Jubilarin eine Sondervorstellung der Wildwest-Show.

Bis alle Zuschauer auf ihren Plätzen saßen, spielte ein Orchester zur allgemeinen Unterhaltung. Dann eröffneten die Pawnee-Indianer unter Häuptling White Eagle die große Parade. Es folgten die mexikanischen Vaqueros (Cowboys) und die Wichita-Indianer. Dann kamen die Cowboys und ein Sheriff, Con Grooner. Und endlich der große Star: der berühmte William Frederick Cody alias Buffalo Bill auf seinem Pferd Charlie. Als weiteren Programmpunkt gab es ein Pferderennen zwischen einem Cowboy, einem Indianer und einem Mexikaner; anschließend einen Wettlauf über 100 Yards zwischen zwei Indianern, der eine zu Fuß, der andere zu Pferd. Dann wurde der berühmte Pony Express vorgeführt. Nächster Höhepunkt: eine Wiederholung des historischen Duells zwischen Buffalo Bill und Yellow Hand. Der Häuptling wird durch einen Kopfschuß getötet und skalpiert. Daraufhin traten die Meisterschützen auf: Vor Annie Oakley die sechzehnjährige Lilian Smith, die in fünfzehn Sekunden dreißigmal denselben Blechteller traf. Dann wechselten die Bilder in schneller Folge. Indianer griffen eine Postkutsche an; die Reisenden wurden unter den Zuschauern ausgewählt. Es folgten traditionelle Zeremonien der Pawnee- und Wichita-Indianer. Mustang Jack zeigte akrobatische Nummern auf dem Pferderücken. Cowboys und Vaqueros führten Kunststücke mit dem Lasso vor.

Schließlich veranstaltete Master Voter Hall, ein schwarzer Cowboy, der sich als „Indianer aus Afrika" präsentierte, mit seinem Wapiti-Hirsch ein Rodeo. Spektakulärer Abschluß war ein Indianerüberfall auf eine Blockhütte. Einhellig feierte der englische Hof Buffalo Bill als „unumstrittenen König der Unterhaltungskunst".

Eine Stadt namens Cody Town

Cody Town in Wyoming ist eine typische amerikanische Kleinstadt mit 7000 Einwohnern, die sich auf den ersten Blick durch nichts von den anderen Städten im Mittelwesten unterscheidet.

Bis vor nicht allzu langer Zeit kam dort regelmäßig ein älterer Herr (Jahrgang 1913) auf ein Glas in den Saloon des Hotels Irma in der Sheridan Avenue 1192, der besten Adresse am Ort. Er verbrachte dort so manche Stunde, diskutierte mit waschechten Cowboys oder betrachtete einfach nur den Tresen aus Kirschbaumholz, ein Geschenk von Königin Victoria. Mit seinen weißen Haaren, dem Kinnbärtchen und dem obligatorischen Hut sah er seinem Großvater täuschend ähnlich. Er hieß auch genauso: William Cody.

In Cody Town ist Buffalo Bill allgegenwärtig. Das Hotel Irma trägt den Namen seiner Tochter. Cody hatte es für 80 000 Dollar gekauft; das war damals ein stolzer Preis. Ein paar Schritte vom Buffalo Bill Village in der Sheridan Avenue entfernt ist das Buffalo Bill Historical Center, in dem Buffalo Bills Waffen, von ihm erbeutete Skalps und Plakate seiner Wildwest-Shows sowie zahlreiche Geschenke an Cody ausgestellt sind. Und natürlich dürfen seine Jagdtrophäen, die Bisonköpfe, nicht fehlen.

In den blutigen Kämpfen gegen die Indianer erwies sich Cody als mutiger Soldat. Später stellte er Szenen wie diese in seiner Wildwest-Show nach.

In diesem kleinen Haus in Le Claire, Iowa, wurde Bill Cody 1846 geboren. Stück für Stück wurde es abgebaut und in Wyoming wieder aufgestellt.

Vorhergehende Doppelseite:
Bei Natchez ist der Mississippi etwa 1200 m breit. Die Baumwollplantagen dieser Region sind die schönsten des ganzen Südens.

Rechts:
Dieser Stich zeigt eine Baumwoll-Ernte in Louisiana um 1850. Er vermittelt einen Eindruck von der Situation der Sklaven vor dem amerikanischen Bürgerkrieg. Die Auseinandersetzung um die Sklaverei war ein Kriegsgrund unter anderen.

Der amerikanische Bürgerkrieg

Thomas Jefferson hatte bereits Ende des 18. Jahrhunderts Unterschiede zwischen dem Norden und Süden der jungen amerikanischen Nation festgestellt. Die Menschen im Norden empfand er als „kühl, zuverlässig und fleißig", die im Süden als „emotional, leidenschaftlich, aber wenig ausdauernd". Milles Lane, ein Schriftsteller aus Georgia, bestätigt dies in einer Kurzbeschreibung der Regionen des Südens: „Der Süden ist zum Land der weißen Säulen, der Gastfreundschaft, der guten Manieren und der englischen Kultur mit ihren Duellen und ihrem eisgekühlten Pfefferminzpunsch geworden."

Und etwas weiter heißt es: „Im Nordosten von Alabama, im Westen von North Carolina, in Virginia, Maryland, im östlichen Tennessee und im nördlichen Georgia gibt es nur wenige Sklavenhalter. Hingegen hat man auf den Plantagen am Mississippi, im Küstengebiet und in den Zentralregionen von Georgia, South Carolina, Mississippi und Alabama jede Menge Sklaven."

Der Norden und der Süden, die feindlichen Brüder

Der Bürgerkrieg war der mörderischste Krieg der amerikanischen Geschichte: Er kostete 630 000 Soldaten das Leben, weitere 400 000 wurden verwundet – er forderte mehr Opfer als alle anderen Kriege zusammen, in die die USA je verwickelt waren. Zu Beginn zählte der Norden 22 Millionen Einwohner, der Süden 9 Millionen, davon ein Drittel Sklaven. Der Norden kontrollierte 90 Prozent der Industrieproduktion und zwei Drittel des Eisenbahnnetzes. Außerdem verfügte er über bedeutend mehr Bodenschätze als der Süden: Eisen, Kohle und Edelmetalle.

Für die Union und gegen die Sklaverei

Im Norden gab es eine starke Anhängerschaft eines modernen Freiheitsverständnisses, und folglich war der Norden auch die Hochburg der Gegner der Sklaverei. Man kämpfte aber auch für den Zusammenschluß aller Staaten, für die Staatenunion. Der Süden hingegen wollte in diesem Krieg sein Territorium und seine extrem konservative Lebenshaltung verteidigen.

Vermutlich begann alles im Jahre 1854, als in Kansas und Nebraska ein Gesetz verabschiedet wurde, das von der Bevölkerung der beiden Staaten eine Entscheidung in der Sklavenfrage

Diese „Bonnie Blue Flag" in der Virginia-Version gehörte dem 3. Regiment von Kentucky, das einer der erfolgreichsten Verbände der Südstaatenarmee war.

Links:
Diese Soldaten der Unionsarmee nahmen im Sommer 1863 an der Schlacht um Vicksburg am Mississippi teil, in der der Norden den entscheidenden Sieg errang.

Unten:
Dieses Extrablatt des *Charleston Mercury* (South Carolina) erschien zwischen der Wahl Lincolns zum Präsidenten (November 1860) und seiner Amtseinführung (März 1861). Es fordert bereits die Auflösung der Union, noch vor Ausbruch der bewaffneten Auseinandersetzungen.

forderte. Das Gesetz mißachtete den in Missouri vereinbarten Kompromiß, demzufolge Sklaverei nur in dem Gebiet südlich der Breitengradlinie 36° 30′ geduldet wurde. Denn Kansas und Nebraska liegen nördlich dieser Linie. Zwei Jahre später startete Abraham Lincoln eine Kampagne gegen die Sklaverei und sprach sich für die Einheit des Landes und die Befreiung aller Sklaven aus. Als er 1860 das Amt des Präsidenten übernahm, versuchte er in seiner Antrittsrede noch zu schlichten: „Wir sind keine Feinde, sondern Freunde. Auch wenn der Übereifer in der Vergangenheit zu Spannungen zwischen uns geführt hat, die freundschaftlichen Bande zwischen uns darf er nicht zerstören."

Doch die Wahl Lincolns zum Präsidenten löste eine heftige Unmutswelle aus. Die Staaten South Carolina, Mississippi, Alabama, Florida, Georgia, Louisiana und Texas spalteten sich ab („Sezession") und gründeten eine Konföderation, die unverzüglich ihren eigenen Präsidenten wählte: Jefferson Davis, einen ehemaligen West-Point-Schüler, der während des Krieges gegen Mexiko als Oberst gedient hatte. Am 21. Januar 1861 verzichtete Davis auf seinen Sitz im Senat und übernahm die Führung der Konföderation, der sich kurz darauf auch die Staaten Virginia, Arkansas, Tennessee und North Carolina anschlossen. Die Konföderation wählte eine blaue Fahne, die sogenannte „Bonnie Blue Flag". Auf dem linken Mississippi-Ufer standen sich die beiden Kriegsparteien gegenüber; dieser Krieg wurde nicht zuletzt auf dem Mississippi und seinen Nebenflüssen entschieden.

Der Kampf der Panzerschiffe

Lincoln erkannte, daß der Mississippi von entscheidender strategischer Bedeutung war, denn über ihn wickelte der Süden seinen Wirtschaftsverkehr ab, insbesondere den Baumwollhandel. Deshalb wurde der Schiffbauer James Eads aus Saint Louis beauftragt, eine Flotte für den Norden zu bauen. Eads versprach Lincoln, bis Ende 1861 sieben neuartige Kanonenschiffe zu liefern, und arbeitete wie besessen, um das Versprechen halten zu können. Er entwickelte einen Schiffstyp mit flachem Boden und deshalb nur geringem Tiefgang. Das Schiff war außergewöhnlich breit und besaß Schaufelräder. Der Maschinenraum und die Mannschaftskojen waren in einem Vorbau untergebracht, der

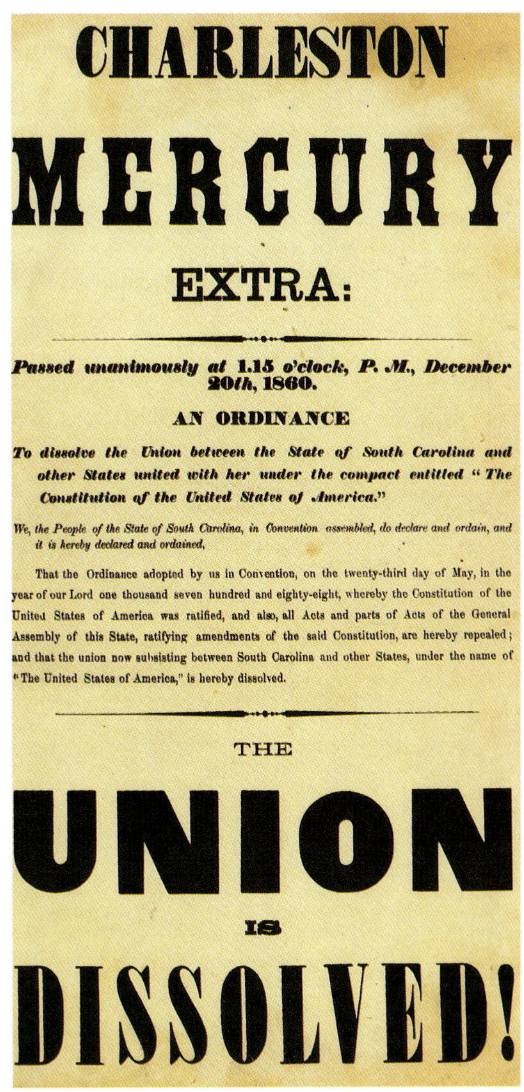

CHARLESTON
MERCURY
EXTRA:

Passed unanimously at 1.15 o'clock, P. M., December 20th, 1860.

AN ORDINANCE

To dissolve the Union between the State of South Carolina and other States united with her under the compact entitled "The Constitution of the United States of America."

We, the People of the State of South Carolina, in Convention assembled, do declare and ordain, and it is hereby declared and ordained,

That the Ordinance adopted by us in Convention, on the twenty-third day of May, in the year of our Lord one thousand seven hundred and eighty-eight, whereby the Constitution of the United States of America was ratified, and also, all Acts and parts of Acts of the General Assembly of this State, ratifying amendments of the said Constitution, are hereby repealed; and that the union now subsisting between South Carolina and other States, under the name of "The United States of America," is hereby dissolved.

THE
UNION
IS
DISSOLVED!

Im Mai 1863 bereitete man den Truppen von General Banks in Alexandria (Louisiana) einen triumphalen Empfang. Rechts erkennt man die gepanzerten Kriegsschiffe, die Gunboats, mit denen die Unionisten die am Mississippi liegenden Forts der Konföderierten einnahmen.

durch eine sechs Zentimeter dicke Panzerverkleidung geschützt war. Jedes der sieben Schiffe verfügte über dreizehn Kanonen.

In Cairo, hundert Kilometer südlich von Saint Louis, griffen diese wendigen Panzerschiffe zum ersten Mal an und siegten in den entscheidenden Schlachten. Hauptangriffsziele waren die von den Konföderierten entlang dem Mississippi errichteten einhundertvierzig Forts, die sich über 250 Kilometer bis nach Memphis erstreckten. General Ulysses S. Grant belagerte das erste dieser Forts, die befestigte Stadt Columbus, bis sie von den Konföderierten geräumt werden mußte; das war im Februar 1862, wenige Tage vor dem Fall Nashvilles. Im April kapitulierte New Orleans, dann Baton Rouge, denn der Flotte der Unionsstaaten war es gelungen, vom Meer her den Mississippi hinaufzufahren.

Die Kanonen auf dem Friedhof von Vicksburg scheinen immer noch in Alarmbereitschaft zu stehen. Lincoln nannte Vicksburg wegen seiner strategischen Schlüsselstellung während des Krieges „the key" (Schlüssel).

Der Weg in den Untergang

Am 4. Juni fiel Fort Pillow, am 6. Juni Memphis. Bereits vorher hatten die Flottenverbände der Unionsstaaten den Tennessee bis nach Savannah unter ihre Kontrolle gebracht. Ende Frühjahr 1862 hatte Lincolns Armee das ganze Mississippi-Tal erobert. Im Süden machte sich Weltuntergangsstimmung breit. Eine Blockade unterbrach den Warenverkehr in Richtung Norden und brachte den Baumwollhandel zum Erliegen. Außerdem kam es in den Südstaaten zu Versorgungsengpässen: Grundnahrungsmittel wie Salz fehlten völlig. Noch schlimmer war, daß die Südstaaten nur noch etwas mehr als zehn Prozent des bei ihnen in Umlauf befindlichen Geldes besaßen. Bei der Notenbank liefen die Druckmaschinen auf vollen Touren, und die Inflationsrate stieg im Handumdrehen auf 300 Prozent. Der alte Süden stand vor dem Untergang – daran konnten auch die vereinzelten Erfolge des Befehlshabers der Konföderierten, des Generals Lee, nichts ändern. Wenige Monate später mußte sich auch die Stadt Vicksburg, der wichtigste Stützpunkt des Südens, ergeben.

Die Festung Vicksburg, am Ostufer des Mississippi gelegen, war der letzte Trumpf der Südstaaten. Die Stadt war seit Beginn des Krieges die wichtigste Basis der konföderierten Verteidigung, denn auf Grund ihrer strategischen Lage lief die gesamte Heeresversorgung über sie. Bereits zweimal – im Mai und im Juni 1862 – hatte Hauptmann Farragut, der im April New Orleans

Der Ehrenfriedhof von Vicksburg wurde gleich nach dem Bürgerkrieg (1866) angelegt. Auf ihm sind nahezu 17 000 Soldaten des Unionsheeres begraben; etwa 13 000 konnten nicht identifiziert werden. Die meisten der während der Belagerung gefallenen Südstaatler wurden auf dem städtischen Friedhof beigesetzt.

eingenommen hatte, einen Eroberungsversuch unternommen. General Grant und General Sherman scheiterten im Winter. Im Frühjahr 1863 versuchten die Unionisten, über den Yazoo, einen Nebenfluß des Mississippi, an Vicksburg heranzukommen. Aber wieder wurde ihr Vorstoß abgeschlagen, bereits beim stromauf gelegenen Fort Pemberton. Dennoch hielt die Armee der Union eisern an ihrem Vorhaben fest, denn der Fall Vicksburgs würde den endgültigen Sieg bedeuten.

Die Entscheidungsschlacht um Vicksburg

Im April 1863 wollte Grant vom Lager Milliken's Bend aus eine andere Taktik versuchen. Das Lager befand sich nördlich von Vicksburg auf der anderen Flußseite. Er plante, sich mit seinen Soldaten in einem großen Bogen von Süden her der Stadt Jackson zu nähern, die östlich von Vicksburg liegt. Ziel der Operation war die Eisenbahnlinie zwischen Jackson und Vicksburg. Grant hatte vor, sie zu blockieren, und hoffte, auf diese Weise die konföderierte Verteidigung lahmzulegen.

Das Vorhaben schien recht kompliziert und stieß deshalb im Lager der Unionisten nicht auf ungeteilte Zustimmung. Doch in einem Punkt waren sich alle einig: Die Eisenbahnlinie zwischen Jackson und Vicksburg mußte unterbrochen werden. Also wagte man den Angriff – und war erfolgreich. Auf dem Marsch nach Westen, auf Vicksburg zu, siegten die Unionstruppen bei Champion's Hill erneut und überquerten auf halbem Wege zwischen Jackson und Vicksburg den Black River. Vicksburg leistete zwei Monate lang erbitterten Widerstand und ergab sich im Juni 1863. Damit beherrschte die Unionsarmee den gesamten Mississippi. Eine entscheidende Bastion der Südstaaten war gefallen – ein schwerer Schlag für die Konföderierten.

Der Norden hatte zwar eine entscheidende Schlacht gewonnen und sich dadurch die Kontrolle über den Fluß erkämpft, doch das Ende des Bruderkriegs ließ immer noch auf sich warten. Erst zwei Jahre später, am 9. April 1865, ergab sich General Lee. Lincolns Freude allerdings war von kurzer Dauer. Am 14. April schoß ihm John Wilke Booth, ein fanatischer Südstaatler, während einer Theateraufführung eine Kugel durch den Kopf. Es war die letzte Wahnsinnstat dieses Krieges.

Das Gunboat *Cairo* wurde im Dezember 1862 auf dem Yazoo gegen die Konföderierten eingesetzt, vor allem bei Vicksburg. Kommandant des Gunboats war T. O. Selfridge.

Der gnadenlose Bruderkrieg

Die Titelseite von *Harper's Weekly* vom 3. Mai 1862 nach der Schlacht von Pittsburgh: Sherman, Nelson, Prentiss und Crittenden *(oben)*, Sreeny, Grant, Buell und Rousseau *(Mitte)*, Clernand, Wallace und Cook *(unten)*.

John Brown, der erste Rebell

Harper's Ferry, eine bis dahin völlig unbedeutende Kleinstadt in Virginia, war 1859 plötzlich in aller Munde. John Brown, ein radikaler Gegner der Sklaverei, hatte mit 22 Gesinnungsgenossen einen Überfall auf das Arsenal organisiert, wo er Waffen für einen geplanten Sklavenaufstand entwenden wollte.

Der tiefreligiöse John Brown hatte sich bereits in Kansas als Anführer der Bewegung gegen die reaktionäre „Blutpartei" einen Namen gemacht. Damals war ihm erstmals der Gedanke einer gewaltsamen Sklavenbefreiung gekommen. Für die Schwarzen aus Maryland und Virginia wollte er eine eigene Stadt gründen.

Harper's Ferry war für John Browns Zwecke bestens geeignet, denn dort waren genügend Waffen gelagert, um eine kleine Armee auszurüsten. Zudem waren die Berge nicht weit, was für einen Partisanenkrieg ideal war. Brown und sein 22köpfiger Befreiungstrupp besetzten also das Waffenarsenal und die strategisch wichtigen Punkte der Stadt. Es dauerte eine Weile, bis die verblüfften Bürger die Situation erfaßt hatten. Die Aufständischen hatten sich inzwischen mit 40 Geiseln im Feuerwehrgebäude verbarrikadiert, das heute in Erinnerung an den Aufstand den Namen Fort John Brown trägt.

Am 18. Oktober traf Oberst Robert E. Lee mit seinen Soldaten aus Washington ein, stürmte das Feuerwehrgebäude und überwältigte die Rebellen. Brown wurde vor Gericht gestellt. Die Anklage lautete auf Mord, Hochverrat und Verschwörung mit dem Ziel, eine Rebellion der Sklaven herbeizuführen. John Brown wurde für schuldig befunden und am 2. Dezember 1859 bei Charleston durch den Strang hingerichtet. Seine Exekution spaltete das Land. Der Norden sah in ihm einen Märtyrer, der Süden einen Verbrecher, der einmal mehr bewiesen hatte, daß in der Frage der Sklaverei kein Kompromiß möglich war. Im Frühjahr 1861 brach dann der Bürgerkrieg aus.

Robert E. Lee, Hoffnung des Südens

Im Oktober 1859 wurde John Brown verhaftet. Sein Traum von einem bewaffneten Aufstand, in dem die Negersklaven sich ihre Freiheit erkämpfen würden, war von kurzer Dauer. Zwei Monate später wurde er hingerichtet.

Robert E. Lee, ein militärisches Genie

Robert Edward Lee stammte aus einer der vornehmsten Familien Virginias. Seine militärische Ausbildung erhielt er ab 1825 in der Militärakademie West Point. Recht schnell zeichnet sich seine außerordentliche Begabung ab. Er war klug, diszipliniert und fleißig. Als er die Akademie 1829 verließ, konnte er das zweitbeste Abgangszeugnis vorweisen. Im Krieg gegen Mexiko kämpfte er an der Seite von Ulysses S. Grant und wurde ausgezeichnet. Von nun an ging es mit seiner Laufbahn steil nach oben. Als Oberstleutnant des zweiten Kavallerie-Regiments bekam er am 18. Oktober 1859 den Auftrag, die von John Brown angeführten Aufständischen in Harper's Ferry gefangenzunehmen.

Dabei war Grant persönlich keineswegs ein Verfechter der Sklaverei und distanzierte sich des öfteren demonstrativ von fanatischen Sklavenhaltern. Seine eigenen Sklaven ließ er frei.

Dennoch war Grant mit Herz und Seele ein Kind des Südens, und als 1861 der Bürgerkrieg ausbrach, war es für ihn keine Frage, welcher Seite er sich anschließen würde. An der Spitze der Konföderierten kämpfte er in einem Konflikt, den er selbst nie gewollt hatte.

Die wechselnden Stimmungen des „Grauen Fuchses"

Das erste Kriegsjahr stand im Zeichen der Erfolge General Lees, den man bald nur noch den „Grauen Fuchs" nannte. Auf dem Rücken seines Lieblingspferdes Traveller ritt der mutige und geniale Soldat von einem Sieg zum nächsten. Im Juni 1862 gelang es ihm in einer siebentägigen Schlacht, Richmond gegen die Truppen der Union zu halten. Im August gewann er die Schlachten von Cedar Mountain und von Second Bull Run.

Seinen spektakulärsten Sieg errang General Lee im Mai 1863 bei Chancellorsville. Angesichts eines zahlenmäßig weit überlegenen Feindes teilte Lee seine Truppen auf und brachte die Yankees durch einen Angriff von hinten völlig aus dem Konzept. Robert E. Lee war unbestreitbar ein hervorragender Soldat, und auch im feindlichen Lager zollte man ihm größten Respekt.

Doch das Glück war ihm nicht mehr lange hold. Am 1. Juli 1863 standen sich die Truppen der Konföderation und der Union bei Gettysburg in Pennsylvania gegenüber. Vom Erfolg verwöhnt, überschätzte General Lee das Leistungsvermögen seiner Armee aus Virginia und verlor bei einem einzigen Angriff auf das nahezu uneinnehmbare Cemetery Ridge mehrere tausend Mann. Als er nach der Schlacht das Resultat seines fatalen Fehlers sah, lief er stundenlang über das mit toten Soldaten bedeckte Schlachtfeld. „Alles meine Schuld, alles meine Schuld", murmelte er ununterbrochen. Und diese Niederlage sollte nur die erste von vielen sein.

Abraham Lincoln – verfolgt von einer Idee

Am 12. Februar 1809 erblickte Abraham Lincoln in einem kleinen Blockhaus bei Hodgenville in Kentucky das Licht der Welt. Bis zu seinem zwölften Lebensjahr besuchte er nur ein Jahr die Schule, gerade lange genug, um lesen und schreiben zu lernen. Doch der Junge hatte einen unbändigen Wissensdurst und vertiefte sich in jedes Buch, das ihm unter die Finger kam. Auf diese Weise eignete er sich eine beachtliche Allgemeinbildung an.

Lincoln arbeitete zunächst als Schreiner, dann beschloß er, Einzelhändler zu werden. Während der Indianerkriege kämpfte er als Hauptmann einer Freiwilligeneinheit. Danach nahm Lincolns Karriere eine beeindruckende Wende: Er wurde Abgeordneter im Parlament von Illinois und ließ sich schließlich als Rechtsanwalt nieder. Abraham Lincoln war der Prototyp des fleißigen, ehrgeizigen und erfolgreichen Autodidakten.

Mitte der fünfziger Jahre verfügte er über ein beträchtliches Vermögen. Doch was ihn am meisten beschäftigte, war ein bestimmter Plan, den er bereits seit Jahren hegte: die Abschaffung der Sklaverei. Als Senatsabgeordneter hielt er 1858 eine berühmte Rede: „Ein Haus, dessen beide Parteien einander ständig bekämpfen, hat keinen langen Bestand. Ich glaube, die Regierung kann auf lange Sicht

Als Sieger von Vicksburg ging General Ulysses S. Grant in die Geschichte ein. Anderthalb Monate lang hatte er die Stadt belagert.

nicht dulden, daß die eine Hälfte des Volkes aus Sklaven, die andere aus freien Menschen besteht."

Als er im Jahre 1860 zum Präsidenten gewählt worden war, versuchte er mit allen Mitteln, einen Bürgerkrieg zu verhindern. Vergeblich. Nun, da er nichts mehr ändern konnte, erwies sich Lincoln als geschickter Staatsmann, wußte abzuwägen, wann er nachgeben und wann er hart bleiben mußte. Der Mut verließ ihn nie, auch dann nicht, als die Union der Nordstaaten mehrere Niederlagen hintereinander einstecken mußte. Alles, was er brauchte, war ein überragender Offizier, auf den er sich blind verlassen konnte. Er fand ihn in Ulysses S. Grant.

Abraham Lincoln war seit 1860 Präsident. Während seiner zweiten Amtszeit, im Jahre 1865, wurde er von dem Südstaatler J. W. Booth ermordet.

Ulysses S. Grant, der Sieger von Vicksburg

Der spätere Präsident der Vereinigten Staaten wurde am 27. April 1822 in Point Pleasant, Ohio, geboren. Seine ersten Lebensjahre verbrachte er auf der väterlichen Farm in Georgetown. Nach seinen eigenen Worten war die Schule, die er damals besuchte, eher mittelmäßig und langweilig. Nach der Schule ging Grant nach West Point, um eine militärische Laufbahn einzuschlagen. Obwohl er sich im Krieg gegen Mexiko durch besondere Tapferkeit auszeichnete, war er nicht sonderlich motiviert und musterte ab.

Als dann jedoch der Bürgerkrieg ausbrach, griff Grant sofort wieder zu den Waffen. Er wurde als ein nur mäßig begabter, unerfahrener Offizier ohne große Erfahrung eingestuft, und man munkelte, daß er dem Whiskey keineswegs abgeneigt war. Dennoch bekleidete er den Rang eines Brigadegenerals.

Einnahme von Fort Henry

Im Februar 1863 rückte Grant ins Rampenlicht der Geschichte.
Bei einer in Abstimmung mit der Marine durchgeführten Offensive schaffte er es, Fort Henry einzunehmen, eine Bastion der Konföderierten am Ufer des Tennessee. Wenige Tage später ergab sich ihm auch der Kommandant von Fort Donelson. Grausame Ironie des Schicksals: Bei diesem Kommandanten handelte es sich um General Simon Bruckner, einen alten Freund, der Grant neun Jahre zuvor einmal aus einer mißlichen Lage befreit hatte.

Der Generalstabschef

Nichts erinnerte mehr an den militärisch doch eher farblosen Grant der Vergangenheit. Ein Sieg folgte dem nächsten. An der Spitze seiner Truppen stieß er den Mississippi entlang bis Vicksburg nach Süden vor. Nach der anderthalb Monate währenden Belagerung nahm er am 4. Juli 1863 die Stadt ein. Auch in Chattanooga war ihm das Kriegsglück hold.

Schließlich wurde Präsident Lincoln auf den glänzenden Soldaten aufmerksam und ernannte ihn zum Generalstabschef der Unionsarmee. Auf Grants nicht gerade beeindruckende militärische Laufbahn angesprochen, antwortete Lincoln jedesmal unbeirrt: „Stimmt schon, aber der Mann weiß sich zu schlagen." Und Grant schlug sich mit einer solch wilden Entschlossenheit, daß die Konföderierten schließlich jede Hoffnung aufgeben mußten. Am 9. April 1865 ergab sich General Lee, und der mörderische Bruderkrieg war endlich vorbei.

Der Präsident

Mit der gleichen Entschlossenheit, mit der Ulysses S. Grant seine Ziele im Bürgerkrieg durchgesetzt hatte, machte er sich nach seiner Wahl zum Präsidenten der Vereinigten Staaten daran, die Wirtschaft des Landes wieder auf Vordermann zu bringen, auch wenn viele Politiker seine Methoden in Frage stellten.

William Sherman, der Mann des Terrors

Wie Ulysses S. Grant war auch William Sherman ein Absolvent von West Point, und wie Grant wußte auch er sich gut zu schlagen. Damit jedoch endeten die Gemeinsamkeiten. William Sherman war von Anfang an ein entschiedener Befürworter des Krieges: „Wir konnten die Südstaatler nicht umstimmen", ist in seinen Memoiren zu lesen, „aber wir konnten ihnen den Krieg dermaßen verleiden, daß sie auf Generationen hinaus die Finger von ihm lassen werden."

Sherman nahm seine Kriegsphilosophie mehr als wörtlich. Im November 1864 zog er mit 62 000 Mann in einem Gewaltmarsch nach Süden durch das von den Konföderierten kontrollierte Georgia. Knapp einen Monat lang war er mit seinen Leuten von Atlanta nach Savannah unterwegs, eine Entfernung von 450 Kilometern. Die Soldaten marschierten täglich nicht mehr als 20

William Sherman kannte kein Erbarmen. Ihm war jedes Mittel recht, um den Süden in die Knie zu zwingen.

Kilometer, das reichte Sherman. Eilig hatte er es nicht. Dieser Marsch war ein Verwüstungsfeldzug. Seine Soldaten plünderten und zerstörten, was ihnen vor das Gewehr kam. Als Sherman schließlich Savannah erreichte, wurde er als Held gefeiert.

Mit Feuer und Schwert

Im tiefsten Winter kehrte er dann mit seinen Leuten auf einem 700 Kilometer langen Marsch durch South Carolina nach Norden zurück. Um die stark angeschwollenen Flüsse und die riesigen Sumpfgebiete überqueren zu können, mußten sie Brücken bauen. Und wieder wurde gnadenlos gebrandschatzt und gemordet. Sherman ging in die Geschichte des amerikanischen Bürgerkriegs als der Mann des Terrors ein. Es gab kaum ein Verbrechen, dessen er nicht bezichtigt werden konnte – Columbia hatte er bis zur Unkenntlichkeit verwüstet. Die Vorwürfe ließen den zweifelhaften Helden jedoch kalt. Für ihn heiligte der Zweck die Mittel. Denn als er in Goldsboro, North Carolina, ankam, wußte er, daß General Lee in der Klemme saß. Ulysses S. Grant brauchte ihm nur noch den Todesstoß zu versetzen.

Rechts:
Im vorigen Jahrhundert galt Cairo als Wirtschaftszentrum mit Zukunft. Heute zählt die Stadt knapp 6000 Einwohner und dämmert vor sich hin. Die Ladengeschäfte verfallen, und Motels werden zum Verkauf angeboten.

Unten:
Die Säulen der Wirtschaft von Memphis sind immer noch der Tabak und vor allem die Baumwolle – trotz der stagnierenden Produktionszahlen. Der Anbau von Baumwolle hat in den Bundesstaaten Tennessee und Louisiana eine lange Tradition.

Das Ende des alten Südens

In den Südstaaten stand nach der Niederlage die Endzeitstimmung bei den Weißen im krassen Gegensatz zur Freude der befreiten schwarzen Sklaven. Denn mit der Kapitulation mußte sich der Süden mit der Abschaffung der Sklaverei einverstanden erklären und die Gesetze der Union als übergeordnetes Recht anerkennen. Doch der sofort nach dem Krieg in Georgia gegründete Geheimbund Ku-Klux-Klan rief zum Widerstand gegen die Bundesgesetze auf. Das Ziel der Kapuzenmänner war es, „die Neger in ihre Schranken zu verweisen". Die ehemaligen Sklaven wurden verfolgt, schikaniert und diskriminiert.

Die konservativen Werte des Südens
Der Bürgerkrieg veränderte die Mentalität der Südstaatler nicht grundlegend. Familie, Patriarchat und Hierarchie waren weiterhin die Säulen des privaten und öffentlichen Lebens. Die Zahlen der letzten Volkszählung vor dem Bürgerkrieg geben eine Vorstellung von der Situation in den sechs Anrainerstaaten des südlichen Mississippi unterhalb von Saint Louis: Kentucky, Tennessee, Mississippi, Louisiana, Arkansas und Missouri. Insgesamt wurden dort anderthalb Millionen Sklaven registriert, die meisten in Louisiana und Mississippi (50 Prozent). Ihre Arbeitskraft war das wirtschaftliche Rückgrat des Südens. Sie arbeiteten vor allem auf den Baumwoll- und Tabakplantagen.

Der Niedergang der Sklavenhaltergesellschaft
Die Plantagenbesitzer waren vor dem Krieg Herr über Leben und Tod aller Schwarzen, die zu Hunderten auf ihren Feldern arbeiteten. Auch nach dem Bürgerkrieg und der Sklavenbefreiung hatten sie immer noch die Artikel eines Verhaltenskodex im Kopf, den ein gewisser Jean-Baptiste Le Moyne im Jahre 1724 veröffentlicht hatte: Die „Neger" waren für ihn „Eigentum der Weißen"; sie hatten keinerlei persönliche Rechte. Die Sklavenhalter ihrerseits hatten für Schutz, Ernährung und Unterricht der Sklaven zu sorgen. Deshalb empfanden die Plantagenbesitzer es als undankbar, daß die Sklaven nach ihrer Befreiung die Felder verließen – sie hatten schließlich stets für deren Lebensunterhalt gesorgt. Für die ehemaligen Sklavenhalter war dies ein Beweis für die menschliche Unreife der „Neger". Außerdem warf der

Die Hernando-de-Soto-Brücke in Memphis erinnert an den spanischen Entdecker und Eroberer, der als einer der ersten Europäer den Mississippi befuhr. Hinter dem prächtigen Brückenbau liegt das Cotton Exchange Building *(Bildmitte)*, eines der größten Handelszentren für Baumwolle und Hartholz.

Fortgang der Arbeitskräfte ein Problem auf: Wer sollte sich jetzt, da so viele Männer und Söhne des Südens im Krieg umgekommen waren, um die Baumwollplantagen kümmern?

Die Niederlage im Bürgerkrieg brachte der Klasse der Großgrundbesitzer, die sich früher wie Feudalfürsten gebärdet hatten, in Bedrängnis. Denn einerseits sollten sie das Land wiederaufbauen, andererseits konnten sie nicht mehr mit der extrem billigen Arbeitskraft der Sklaven rechnen. Außerdem hatten Lincoln und seine Mitstreiter die meisten Plantagen in kleine Pachtbetriebe aufgeteilt. Eine schwere Wirtschaftskrise deutete sich an. Bis zum Beginn des Zeitalters der Technik, das ihnen eine Mechanisierung der Landwirtschaft bescherte, lebten die Großgrundbesitzer des alten Südens in großer Ungewißheit.

Unterdes wanderten Millionen von Farbigen in die Nordstaaten ab. Die Unionisten hatten ja nicht zuletzt für ihre Befreiung gekämpft, und nun hofften die Befreiten, im Norden bessere Lebensbedingungen vorzufinden. Sie freuten sich auf ein Leben ohne Diskriminierung. Doch sie wurden schwer enttäuscht: Die Bürger der Nordstaaten versuchten zwar im allgemeinen, ihre Voreingenommenheit gegenüber den Schwarzen zu verbergen, doch die Heuchelei entging den Zugewanderten nicht. Im Alltag – vor allem bei der Wohnungs- und Arbeitssuche – wurden sie benachteiligt, und die Gleichheit aller Amerikaner stand nur in der Verfassung. Und wer im Süden geblieben war, verlor früher oder später durch die Mechanisierung der Landwirtschaft seine Arbeit. Wenige Maschinen erledigten nun die Arbeit, für die früher mehrere tausend Sklaven nötig waren.

Fünfundzwanzig Jahre nach dem Bürgerkrieg hatte sich der Süden wieder einigermaßen erholt. Über die Kriegsgründe gab es unterschiedliche Auffassungen – bis heute ist dieses Thema bei Historikern umstritten. Die Südstaatler beschuldigten die Sieger, den Krieg aus rein wirtschaftlichen Interessen vom Zaun gebrochen zu haben; von der Hand zu weisen ist dies nicht.

Die Baumwollstadt Memphis ist auch eine Hochburg des Blues. Im Herzen der Beale Street, in einem der zahlreichen Clubs des Viertels, begann die Karriere des damals noch unbekannten, später berühmten Blues-Komponisten W.C. Handy.

Saint Louis, Tor zum Westen und Tor zum Süden

Das Auswanderer-Denkmal „Gateway Arch" überragt mit seinem 192 Meter hohen Stahlbogen die Wolkenkratzer von Saint Louis. Durch dieses symbolische Tor brachen die Auswanderer

Der Gateway Arch am Mississippi-Ufer von Saint Louis ist eines der beeindruckendsten Bauwerke der Vereinigten Staaten. Die Stadt mit ihren zahllosen niedrigen Häusern, die sich irgendwo am Horizont verlieren, ist typisch für die weiten Ebenen Nordamerikas. Saint Louis ist das Bindeglied zwischen dem alten, europäisch geprägten Osten und dem später eroberten Westen. Zu erkennen ist auch das im Hintergrund liegende riesige Busch Memorial Stadium. Der Name geht auf eine berühmte Bierbrauerfamilie der Stadt zurück. Während der Baseball-Saison strömen zu jedem Spiel knapp 50 000 Zuschauer ins Stadion, fast genauso viele wie in den Superdome von New Orleans. Die Atmosphäre von Saint Louis wird nicht zuletzt durch die Lastschiffe und Mississippi-Dampfer geprägt: Mit den typischen Showboats werden den Touristen Ausflugsfahrten mit Abendessen und Unterhaltungsprogramm geboten.

Rechts:
Ameristar Casino, eine Spielbank auf einem Mississippi-Raddampfer, liegt das ganze Jahr in Vicksburg vor Anker.

Unten:
Die Zwillingsbrücken von Vicksburg sind Zeugnisse einer reichen Vergangenheit, die noch allgegenwärtig ist.

Ganz unten:
Das üppige Grün dieses ehemaligen Friedhofes bei der Stadt Natchez bildet einen starken Kontrast zur bräunlichen Farbe des Flusses, der gewaltige Mengen Schlamm mit sich führt.

zur Eroberung des Westens auf. Ein ähnliches Gefühl von Sehnsucht stellt sich an Bord der Mississippi-Dampfer ein, die immer noch zu gemütlichen, mit Jazz-Rhythmen untermalten Vergnügungsfahrten einladen. Vielleicht hört man bei dieser Gelegenheit eine der unsterblichen Melodien von Josephine Baker, die hier ganz in der Nähe des Flusses geboren ist. Doch die große Zeit der Raddampfer ist längst vorbei. Damals war Saint Louis die drittgrößte Stadt der Vereinigten Staaten. Mit seiner heutigen Einwohnerzahl (400 000 im eigentlichen Stadtbereich, 2,4 Millionen im Großraum) kommt Saint Louis nur noch auf Platz 14. Fünfundvierzig Prozent der Bevölkerung sind Farbige.

Saint Louis liegt am Zusammenfluß von Mississippi und Missouri. Die rasch voranschreitende Industrialisierung holte auch Saint Louis mit seinen gemütlichen, kleinen Häusern ein. Unzählige Fell- und Getreideberge aus dem Westen und Süden sind im Hafen von Saint Louis umgeschlagen worden. Später wurde die Eisenbahn wichtigstes Transportmittel, und schließlich das Flugzeug. Die Stadt entwickelte sich schnell zu einem bedeutenden Verkehrsknotenpunkt des Straßen- und Schienennetzes. Heute werden in Saint Louis Fahrzeugteile für den Straßen-, Schienen- und Luftverkehr hergestellt. Die Stadt zählt zu den dynamischsten Wirtschaftsmetropolen des Landes.

Memphis, Hüterin der Traditionen

Im alten Stammesgebiet der Chickasaw – dem heutigen Tennessee und Arkansas – liegt Memphis, die größte Stadt in Tennessee. Memphis ist ein bedeutender Umschlagplatz für Baumwolle. Die vielen dunklen Felder mit den weißen Flecken im Umland von Memphis weisen darauf hin. Heute wird Baumwolle nur noch zwischen Memphis und Vicksburg auf beiden Seiten des Mississippi angebaut. Man pflanzt auch Soja, Mais und Weizen an, außerdem Kiefern für die Papierherstellung; auch die Aufzucht von Geflügel ist ein wichtiger Wirtschaftsfaktor.

Wurde der Boden früher von nackten Sklavenfüßen festgetreten, so wird er heute mit Maschinen und Chemikalien bearbeitet: Zunächst werden die Felder vom Hubschrauber aus mit Schwefel berieselt, dann schlucken die lärmenden Pickers, die Pflückmaschinen, die kleinen Baumwollbäusche. Im alten Süden woll-

Baton Rouge ist zwar hauptsächlich durch seine Petrochemie bekannt, aber auch Landwirtschaft und Viehzucht sind bedeutende Wirtschaftszweige. Die Docks zwischen New Orleans und Baton Rouge erstrecken sich über eine Länge von 85 Flußkilometern. Hier werden sowohl Industrie- als auch Agrarprodukte umgeschlagen.

te man nicht länger zu den Ewiggestrigen zählen und zeigte sich aufgeschlossen für moderne Bewirtschaftungsmethoden. Doch die Erträge blieben unzureichend. Der Unterlauf des Mississippi zählt seit 1950 zu den ärmsten Regionen des Landes. Gemessen an der Einwohnerzahl gibt es hier die wenigsten Autos. Auch ist der Ausbildungsstand der Bevölkerung schlechter als anderswo; so gibt es beispielsweise weniger Akademiker als im Landesdurchschnitt. Die Armut trifft Schwarz und Weiß gleichermaßen. Memphis kann trotzdem stolz sein: Es ist die größte Stadt des Südens, die Wiege des Blues und seit Elvis Presley weltbekannt. In Memphis, wo die Schwarzen die Hälfte der Bevölkerung ausmachen, ist die Erinnerung an die Zeit der Rassendiskriminierung besonders schmerzlich lebendig: In der Mullberry Street 406 wurde am 4. April 1968 der Pfarrer und Bürgerrechtskämpfer Martin Luther King ermordet.

Zwischen Natchez und New Orleans sieht man häufig am Ufer festgemachte Showboats. Sie sollen die Atmosphäre der „guten alten Zeiten" wieder aufleben lassen, als man mit solch einem Boot eine gemütliche Mississippi-Fahrt machte.

Auf dem Weg nach Louisiana

Der Mississippi verläßt Memphis in mäßigem Tempo; langsam und in zahlreichen Windungen fließt er gen Süden. Doch es kann passieren, daß er über die Ufer tritt: Dann gerät das ganze Land in Panik, denn die Überschwemmungen des Mississippi gleichen der Sintflut. Glücklicherweise geschieht das selten, denn man hat die Launen des Flusses einigermaßen im Griff.

In Natchez erheben sich ein paar Dutzend herrschaftliche Häuser, die noch von der großen Zeit des alten Südens zeugen, über den Ufern des Mississippi. Sie haben die Zeiten überdauert und erinnern an jene Epoche, als die reichen Plantagenbesitzer und ihre Architekten aus Frankreich, England und Irland sich mit kühnen und phantasievollen Bauten gegenseitig zu überbieten versuchten. Weiße Säulen und Bogengänge, monumentale Eingangsportale im klassizistischen Stil und elegant geschwungene Wendeltreppen künden vom Luxus vergangener Zeiten.

Nach mehr als 3000 Flußkilometern nimmt der Mississippi seinen letzten Zufluß auf, den Red River. An dieser Stelle trieben im 19. Jahrhundert ganze Scharen von Freibeutern und Süßwasserpiraten ihr Unwesen. Organisierte Räuberbanden, die sich vor allem auf die Pioniere und die zwischen Baton Rouge und New Orleans hin- und herreisenden Kleinbauern stürzten. Der Red

Rechts:
Diese typischen Häuser von New Orleans mit ihrem ungebrochenen Charme blicken auf eine lange Geschichte zurück. Die Balkone sind aus filigranartigem Schmiedeeisen, die Innenhöfe gepflastert und schattig. Hier scheint die Zeit der spanischen Kolonialherren noch lebendig zu sein.

Unten:
Der Straßenmusikant von New Orleans bittet nicht um Geld. Er spielt zu seinem eigenen Vergnügen – und für die Passanten. Wenn sich jemand dennoch erkenntlich zeigt: um so besser.

River bringt dem Mississippi noch einmal eine beträchtliche Menge Wasser, und gestärkt tritt der Mississippi, der ab hier kein Grenzfluß mehr ist, nach Louisiana ein. Hier wird seine gewaltige Strömung wirtschaftlich genutzt, er wird geradezu eine Wasserautobahn mit Schwerlastverkehr. Schleppkähne befahren ihn, die sich zu Konvois von 20 000 Tonnen zusammenschließen, Hochseeschiffe und Großtanker, die jährlich über 400 Millionen Tonnen Wirtschaftsgüter transportieren.

Durch eine Industrielandschaft

Auf den 150 Kilometern zwischen der heutigen Hauptstadt Louisianas, Baton Rouge, und New Orleans fließt der Mississippi durch eine Industrie- und Stadtlandschaft. Mehr als zwei Millionen Menschen leben hier. Verarbeitet werden vor allem Erdöl, Gas und Kohle. Folglich wird das Landschaftsbild geprägt von Docks, Lagerhallen, Fabrikgebäuden mit rauchenden Schornsteinen, riesigen Tankanlagen, Leuchttürmen und gewaltigen Schiffswerften, in denen Kriegsschiffe der US-Marine, beispielsweise Flugzeugträger, aber auch Bohrinseln gebaut werden.

Ausgebaggert, kanalisiert und einbetoniert fließt der Mississippi auf sein Mündungsdelta zu. Der Preis für die intensive industrielle Nutzung des Flusses ist eine enorme Umweltverschmutzung. Die Abwässer haben einer Reihe von Fischarten das Lebenselement vergiftet – sie sind ausgestorben.

New Orleans – Musik und Freudenmädchen

Die letzte Stadt, die der Mississippi vor seiner Mündung in den Ozean durchfließt, ist New Orleans. Hier fanden die großen Sklavenmärkte statt, und hier war das Sündenbabel des Südens. Unzählige Freudenhäuser, die sich vor allem im Amüsierviertel der Stadt, dem „French Quarter", konzentrierten, gaben New Orleans den Beinamen „Rotlicht-Stadt". Der Name rührt von den roten Lichtern her, die die Prostituierten früher in ihren Etablissements aufhängten und die man trotz der geschlossenen Fensterläden von der Straße her sehen konnte.

Aus jener Zeit sind nur wenige Häuser in der Gegend um die Bourbon Street erhalten. Trotzdem ist das French Quarter bis heute die Attraktion der Stadt. New Orleans zieht jährlich Millio-

Links:
Heute sind Ausflugsfahrten auf dem Mississippi weniger gefährlich als früher, aber immer noch äußerst reizvoll.

Unten:
Das französische Viertel von New Orleans, das „Vieux Carré" (altes Viertel). Von den Amerikanern wird es „French Quarter" genannt.

Ganz unten:
Die Kathedrale von Saint Louis ist die älteste Kirche der USA. Mit ihrem Bau wurde 1794 begonnen. Heute beherrscht sie den reizvollen Jackson Square.

nen von Touristen aus aller Welt an. Man besucht die Heimat von Louis Armstrong wegen des Blues und des Jazz, wegen der feinen kreolischen Küche, der Häuser im Kolonialstil und wegen der Cajuns, der Nachfahren der französischen Siedler, bei denen die lange französische Tradition dieser Stadt noch lebendig ist. So ist es hier nach alter französischer Sitte üblich, Geschäftsgespräche in einem der Stadtcafés zu führen. Im Gegensatz zu den anderen Louisianern legen die Leute von New Orleans viel Wert auf gute Speisen, und es heißt, man könne bei ihnen sehr viel essen und trinken, ohne dick und betrunken zu werden.

Alte Rassenprobleme in neuem Gewand

Obwohl die Farbigen in New Orleans sechzig Prozent der Bevölkerung ausmachen, will dort deren Integration genauso wenig gelingen wie anderswo in den USA. Von den Nachkommen der Sklaven führen nur wenige Privilegierte ein gesichertes, angenehmes Leben. Die Situation der Farbigen hat sich seit fünfzig Jahren nicht sehr verändert. Die Weißen schreiben ihnen neunzig Prozent aller Delikte zu und machen sie verantwortlich für den zunehmenden Drogenhandel. Viele junge Farbige befinden sich tatsächlich in dem Teufelskreis, wie er für die Benachteiligten heutiger Großstädte typisch ist: Weil sie keine Zukunftsperspektive haben, werden sie kriminell – und wenn sie straffällig geworden sind, haben sie erst recht keine Zukunft mehr.

New Orleans ist ein bedeutender Wirtschaftsstandort. Der Hafen der Stadt war aufgrund des Baumwoll- und Zuckerrohrhandels lange Zeit führend in den USA. Auch heute noch ist New Orleans nach New York und Rotterdam der drittgrößte Hafen der Welt. Die Stadt ist wohlhabend und weltoffen, besonders gegenüber Lateinamerika. Die stromaufwärts gelegenen Raffinerien oder stromab die gelben Berge der Schwefellager sind sichtbare Zeichen dieses Reichtums.

Von New Orleans ist es nicht mehr weit zum Deltagebiet. Der Mississippi – seit gut fünfzig Jahren stark eingedeicht – nähert sich seiner Mündung. Er weitet sich zu einer Vielzahl von Seen und Sumpfgebieten, den Bayous. Und schließlich ergießen sich das Wasser und der Schlamm auf einer Breite von mehreren Dutzend Kilometern in den Golf von Mexiko.

DIE MUSIK DES MISSISSIPPI

Auf den Landkarten des neunzehnten und zwanzigsten Jahrhunderts erscheinen die Südstaaten der USA – von Florida bis Louisiana, von Virginia bis Arkansas – als ein nahezu homogenes Rechteck. In Wirklichkeit aber ist der alte Süden eine Region der Regionen, eine Ansammlung höchst unterschiedlicher Traditionen, je nachdem, welche Einflüsse in einem bestimmten Gebiet wirksam wurden. Die wichtigsten dieser Einflüsse waren die spanischen, französischen und britischen.

Doch es gab und gibt auch Gemeinsamkeiten. Neben den wirtschaftlichen Banden, die das Zusammenwachsen der Staaten des Südens förderten und bis heute vorantreiben, besteht eine grundlegende Übereinstimmung in der Geisteshaltung.

So waren sich die Südstaaten seit dem 17. Jahrhundert in der Frage der Sklaverei einig. Für sie gab es eine Rasse, die zum Herrschen, und eine andere, die zum Dienen geschaffen war – und es war göttlicher Wille, in welche man hineingeboren wurde. Wohin diese Überzeugungen führten, ist bekannt: zu Ausbeutung, Unterdrückung und Diskriminierung auf der einen Seite; zu Elend, Leid und Widerstand auf der anderen.

In einem ganz besonderen Sinne haben die Unterdrückten einen Sieg davongetragen: In ihrer Mitte erblühte mit dem Blues und dem Jazz eine musikalische Kultur, die so attraktiv und faszinierend war, daß ihr Einfluß auf die „weiße Musik" kaum zu überschätzen ist. Die „schwarze Musik", entstanden in Tennessee, Mississippi und Louisiana, hat die Kunst dieses Jahrhunderts auf der ganzen Welt revolutioniert.

Die Wurzeln dieser Musik liegen in Afrika, doch sie erhielt auf den Tabak-, Zuckerrohr- und Baumwollplantagen des amerikanischen Südens eine neue Ausprägung. Ihr Rhythmus ist der Rhythmus schwerer Feldarbeit in Kolonnen. Ihre Worte künden von Schweiß und Tränen, von Verzweiflung und Einsamkeit – aber auch von Liebe und bescheidener Hoffnung. Ihre Sprache ist einfach und eindringlich. Bei aller Entwicklung, die diese Musik in unserem Jahrhundert genommen hat, ist sie sich in ihren wesentlichen Elementen stets treu geblieben.

Oben:
Früher sangen die Schwarzen bei der Feldarbeit. Ihre Musik leitete nicht nur eine revolutionäre Entwicklung ein – auch heute gehen unablässig neue Impulse von afro-amerikanischen Musikern aus.

Gegenüber:
Das Herrenhaus der Rosedown-Plantage liegt am Ende einer Eichenallee und ist von herrlichen Gärten umgeben. Es zählt zu den meistbesuchten Gebäuden Louisianas.

Rechts:
Die Arbeit auf den Baumwollplantagen war hart. Die Sklaven versuchten, sich die Arbeit mit rhythmischen Work-Songs, die sich direkt von afrikanischen Liedern herleiteten, etwas zu erleichtern.

Unten:
Die Religiosität und der Blues gehören eng zusammen. Die beiden Morganfields verkörpern dies exemplarisch: Pastor Willie Morganfield, den das Foto zeigt, und sein Vetter McKinley Morganfield – besser bekannt als Muddy Waters, der große Blues-Sänger.

Die Händler des Teufels

Sklaven waren eine Ware wie jede andere, auch wenn es recht aufwendig war, sie von einem anderen Kontinent heranzuschaffen. Diese Ware, auch „Ebenholz" genannt, wurde in den dunklen Schiffsbäuchen gelagert wie Sardinen: Kopf an Fuß, damit so viele wie möglich hineinpaßten. Luft und Platz konnte man schließlich nicht verkaufen. Viele starben während dieses Transports über den Atlantik. Es waren englische Schiffe, die den Sklaventransport von Afrika nach Amerika übernahmen.

Menschen, denen die Würde genommen wurde

Die Menschenhändler, deren Geschäft 1661 in Virginia für legal erklärt wurde, hatten keine Skrupel bei ihrem Tun. In ihren Augen waren diese Afrikaner, die von Sklavenjägern gewaltsam nach Amerika verschifft worden waren, keine Menschen, sondern minderwertige Lebewesen – eben Sklaven. Mit der Verschleppung aus ihren Dörfern verloren sie alle Rechte. Sie waren nur noch dazu da, verkauft oder eingetauscht zu werden. Stammesbrüder, Freunde, Verwandte, Eheleute, Eltern und Kinder wurden auseinandergerissen und gleich nach ihrer Ankunft durch die Gesetze von Angebot und Nachfrage in alle Winde zerstreut. Ein schwächlicherer Feldsklave war 70, ein junger Mann von achtzehn Jahren 650 Dollar wert. Ein guter Koch brachte 1000, ein Mädchen für alles mit zwei Kindern, die zum Verjagen der Fliegen taugten, 1400 Dollar. So standen die Preise zu Beginn des 19. Jahrhunderts in New Orleans, dem Zentrum des Sklavenhandels, wohin die Sklavenhändler aus Carolina, Virginia und Maryland gern kamen, um Geschäfte zu machen.

Bis 1807 war der Sklavenhandel legal. Anfang 1808 jedoch verbot England seinen Kapitänen den Sklaventransport. Von da an konnten Sklaven nur noch illegal eingeführt werden.

Millionen ohne Rechte

Für die Millionen Sklaven, die in fast dreihundert Jahren nach Amerika verschifft wurden, war diese Welt ein unfaßbarer Alptraum. Eingespannt in den höllischen Arbeitszyklus auf den Plantagen oder in Haus und Hof, waren sie ihren Herren ausgeliefert.

Zu diesem Leben gab es keine andere Alternative als die Flucht. Doch die Chancen waren gering. So konnte man 1850 in

Die letzte aus der Dynastie der Dockery verwaltet stolz die riesige Plantage, die ihre Väter vor mehr als hundert Jahren aufgebaut haben.

einer Zeitungsanzeige lesen: „Ich besitze zwei der schönsten Sklavenspürhunde im ganzen Südwesten. Sie sind in der Lage, noch nach zwölf Stunden die Spur des Niggers aufzunehmen und ihn mit Leichtigkeit einzufangen. Ich stehe jederzeit für die Jagd nach entflohenen Niggern zur Verfügung."

William Howard Russell, ein Journalist der Londoner *Times*, der zu Beginn des amerikanischen Bürgerkriegs die Südstaaten bereiste, schrieb über die Sklaven: „Eines fiel mir immer deutlicher auf, wenn ich die Gesichter dieser Sklaven betrachtete: Das vorherrschende, wenn nicht gar universelle Kennzeichen ihrer Rasse war eine tiefe Niedergeschlagenheit." Entwurzelt, wie Tiere gehalten und mißhandelt – etwa durch schwere Glockenhalsbänder, die eine Flucht verhindern sollten –, suchten die Sklaven Zuflucht in der Musik und der Religion, die bald untrennbar miteinander verschmolzen.

Echo der afrikanischen Heimat

Obwohl die Schwarzengesetze, die 1658 von den Franzosen erlassen worden waren, den Sklaven das Trommeln verboten, damit sie sich nicht untereinander verständigen konnten, wurden einige afrikanische Sitten und Gebräuche doch geduldet, weil sie den Interessen der Sklavenhalter dienten. Zu solchen geduldeten, ja geradezu erwünschten Bräuchen zählten beispielsweise die Work-Songs, kollektive Gesänge zur Rhythmisierung der Feldarbeit, wie es sie in vielen Kulturkreisen gibt. Die Gruppen von Männern, Frauen und Kindern, die auf den Plantagen arbeiteten, stimmten einen rhythmischen Singsang an und arbeiteten sozusagen im Takt. Dadurch erhöhte sich die Arbeitsleistung.

Mit ersten Instrumenten

Der rhythmische Gesang war der erste Schritt in Richtung einer afro-amerikanischen Kultur, die damals natürlich noch nicht existierte. Aus den schlichten Anfängen entwickelte sich diese Musik weiter: Die zum Banjo umgewandelte Kalebasse und die Fiedel übersetzten die Gefühle der Sklaven in Klänge und erlaubten es zugleich, die sentimentalen, erotischen oder satirischen Gesänge mit Tanzformen zu verbinden, die ebenfalls auf afrikanische Ursprünge zurückgingen.

Die Seele der „schwarzen" Musik ist das Gefühl. Der Spiritual ist ein Klagelied, dessen Themen meist vom Alten Testament inspiriert sind. Der Gospel ist ein Gesang der Freude, in dem es um die Glaubensgewißheiten des Neuen Testaments geht. Eine moderne Ausprägung der schwarzen Spiritualität mit weltlichen Themen ist der Soul.

Mit der Abschaffung der Sklaverei begann für die Schwarzen keineswegs ein Zeitalter des Wohlstandes. Zwar ist die Freiheit das höchste aller Güter, aber dennoch kein Mittel gegen Armut und Ausgrenzung, was auf diesem Foto aus dem frühen 20. Jahrhundert deutlich zu sehen ist.

Auf den Baumwollplantagen wurden sehr viele Arbeiter benötigt. Sie pflückten das „weiße Gold" und lebten in Armut.

Auch 40 Jahre nach Aufhebung der Sklaverei hatten die Tagelöhner kein leichtes Los. Sie wurden nach Arbeitsleistung bezahlt und von einem berittenen Aufseher überwacht. Die Work-Songs gehörten längst noch nicht der Vergangenheit an.

Die gepflückte Baumwolle wurde zu Ballen zusammengepreßt, die bis zu 200 Kilogramm schwer sein konnten, und anschließend auf Mississippi-Dampfer verladen.

Die Steamboats brachten die schwere Baumwollfracht bis nach New Orleans. Auf ihnen arbeiteten nur Schwarze mit kräftiger Statur, die sogenannten Rustabouts.

Die Rustabouts be- und entluden die Schiffe. Für die anderen Schwarzen, die an ihre Plantage gebunden waren, hatten die Rustabouts etwas von Abenteurern.

Gegenüber:
Anfang Juni blühen die Baumwollstauden. Im August springen die Samenkapseln auf, und seidige Samenhaarbüschel bedecken die Felder.

Links:
Die Gospel-Songs haben sich im Gottesdienst entwickelt. Meist sind sie ein Wechselgesang zwischen Prediger und Gemeinde. Die Bibel ist auch heute noch ein überaus wichtiges Buch für die am Mississippi-Ufer lebenden schwarzen Amerikaner.

Der Negro Spiritual

Der christliche Glaube kam dem Denken und Fühlen der Schwarzen sehr entgegen. Aller eigenen Traditionen beraubt, eigneten sie sich zunächst die Kirchenlieder der Weißen an und formten sie um. So entwickelte sich aus dem Kirchenlied erst der schwermütige Negro Spiritual und viel später auch der freudige Gospel (*gospel* heißt „frohe Botschaft").

Die Gottesdienste der Schwarzen

Die Gottesdienste gestalteten sich ganz anders als bei den Weißen: Es ging laut und rhythmisch zu, Priester und Gemeinde stimmten Wechselgesänge an, oft in Frage und Antwortform. Dieser Ausdruck von Religiosität war nicht nach dem Geschmack der Weißen. Er provozierte unterschiedliche Reaktionen; in einem 1819 erschienen Buch mit dem Titel *Freundschaftliche und christliche Ratschläge an Methodisten, die solcherlei emotionale und physische Glaubensbekundungen dulden* heißt es: „In den Schwarzenquartieren scharen sich diese farbigen Menschen zusammen und singen über Stunden unablässig Brocken von Verheißungen und Gebeten, verstärkt durch lange Chorrefrains. Das alles wird in jenem schwungvollen Stil vorgetragen, wie ihn die Gesangsgruppen der Schwarzen pflegen und wie man ihn zur Erntezeit auf den Feldern oder als Zerstreuung beim Dreschen hört; es erinnert in der Tat an indianische Tänze. Bei jedem gesungenen Wort verlagern sie das Körpergewicht von einem Bein aufs andere. Die, welche dabei sitzenbleiben, schlagen den Takt auf den Schenkeln. Im Namen der Religion sollte man eine derart vulgäre Pervertierung des wahren Glaubens nicht dulden!"

Nach der Sklaverei kam die Rassentrennung, die Segregation. Die Afro-Amerikaner suchten Halt und Trost im christlichen Glauben.

Ablehnung bei den Weißen

Diese Art, den Gottesdienst zu begehen, war ein Affront gegen die erzkonservative Herrenklasse des Südens. Die Familien von altem Blut verstanden sich als Erben der europäischen Aristokratie; sie lebten in der Vergangenheit, und die althergebrachte Struktur des Gottesdienstes gehörte zu ihrem zementierten Weltbild. Daß die „Pervertierung des Glaubens", wie sie oben beschrieben wird, zu den Anfängen einer eigenen Kultur der Schwarzen gehörte, interessierte die weißen Herren nicht.

Die Wohnhäuser der Plantagenbesitzer waren ein sichtbares Zeichen des Reichtums. Viele der Herrenhäuser haben den Bürgerkrieg nicht überstanden. Dunleith House in Natchez hingegen präsentiert immer noch seine stolzen klassizistischen Säulen.

Die europäische Antike stand bei der Architektur der Herrenhäuser Pate. Auch dieser Gartenpavillon wurde im griechischen Stil gebaut. Er gehört zum McRaven House in Vicksburg, das in drei Bauabschnitten zwischen 1825 und 1849 entstand.

Links:
Oak Alley: Diese wunderbaren Eichen haben der berühmtesten aller Plantagen ihren Namen gegeben.

Unten:
Während die Schwarzen auf den Feldern schufteten und ihre Lieder sangen, widmeten sich die Töchter von Rosalie House dem Klavierspiel.

Ganz unten:
Longwood House in Natchez wurde kurz vor dem Bürgerkrieg fertiggestellt.

Links:
Beim Anblick von Oak Alley denkt man sofort an Bilder aus „Vom Winde verweht". Das elegante Herrenhaus trug ursprünglich den französischen Namen „Bon Séjour" (Angenehmes Verweilen) und war Schauplatz prachtvoller Feste.

Elvis Presley, der Junge aus Tupelo, Mississippi

Elvis Presley ist eine der bemerkenswertesten Persönlichkeiten, die am Mississippi Geschichte gemacht haben. Als der Achtzehnjährige im Jahre 1953 seinen Fuß über die Schwelle des Sun Studio in Memphis setzte, um auf eigene Kosten eine Schallplatte aufzunehmen, die er seiner Mutter schenken wollte, begann eine Karriere, die das Gesicht der populären Musik ein für allemal veränderte. Man könnte meinen, die Welt hätte nur darauf gewartet, daß Elvis Presley die Musik der Schwarzen einem weißen Publikum präsentierte.

Elvis the Pelvis – Elvis, das Becken. Dieser Beiname, den Elvis selbst lächerlich fand, charakterisierte zutreffend die Art, wie er sich auf der Bühne bewegte. So etwas hatte es bei einem weißen Sänger noch nie gegeben.

Fasziniert vom Spiritual und vom Blues

Elvis Aaron Presley wurde am 8. Januar 1935 in dem Städtchen Tupelo, Mississippi, geboren. Sein Vater war Landarbeiter, seine Mutter Schneiderin. Wäre die Familie in Tupelo geblieben, hätte Elvis wohl genauso wenig eine Zukunftsperspektive gehabt wie alle anderen mittellosen Südstaatler. Doch als er dreizehn Jahre alt war, zog die Familie nach Memphis, wo der Vater bessere Arbeit zu finden hoffte. Seine Mutter Gladys, eine gläubige Christin, nahm den Jungen regelmäßig mit in die Kirche, und er wuchs ganz selbstverständlich mit den Spirituals der Schwarzen auf. Es dauerte nicht lange, bis Elvis in der Kirche lauthals mitsang. Seine Mutter schenkte ihm die erste Gitarre.

In seiner Freizeit schlenderte der Halbwüchsige mit Vorliebe in den Schwarzenvierteln von Memphis umher und spitzte die Ohren, wenn aus einem offenen Fenster der melancholische, getragene Rhythmus des Blues drang. Was für ein Unterschied zur Country Music im Radio! Elvis war fasziniert von den rauhen Stimmen der farbigen Männer und Frauen. Der Blues prägte ihn nachhaltig.

Elvis ging früh von der Schule ab und arbeitete für 42 Dollar die Woche als Lastwagenfahrer. Mit Pomade im Haar und schwarzen Hemden hatte er das Image eines Rebellen, eines Halbstarken. Elvis war aber kein Rebell, sondern ein unpolitischer Jugendlicher. Er träumte davon, eines Tages einen Cadillac zu besitzen. Sein Leben kreiste um die Musik.

Für seine geliebte Mutter Gladys plante Elvis 1953 eine besondere Geburtstagsüberraschung. An einem Julimorgen ging er in das Tonstudio von Sam Phillips, wo man für ganze vier Dollar ein Lied aufnehmen konnte. Elvis begleitete sich selbst auf der Gitarre und schenkte die Platte seiner Mutter.

Die Lawine kommt ins Rollen

Elvis war in der folgenden Zeit öfter bei Sam Phillips, der auch eine kleine Schallplattenfirma hatte, Sun Records. Mr. Phillips war überzeugt, daß er ein großes Talent entdeckt hatte und stellte für Elvis eine hervorragende Begleitband zusammen. Als er mit dieser Gruppe den Song *That's All Right (Mama)* aufgenommen hatte, setzte Sam Phillips alles daran, daß dieses Lied im Radio gespielt wurde. Die Nummer wurde ein Riesenerfolg, und die Plattenfirmen rissen sich um Elvis Presley. Nun brauchte er einen guten Manager, und er fand ihn in „Colonel" Tom Parker. Die erste Herausforderung für den Colonel war der Vertrag mit RCA, der Firma, die das Rennen um Elvis machte.

Elvis und Sam Phillips 1955 in den Sun Studios. RCA bezahlte Phillips 40 000 Dollar für Elvis, eine unerhörte Summe für einen „Country-Sänger".

Die herausfordernde Sinnlichkeit

Elvis Presleys Erfolg war nicht mehr aufzuhalten. Wo er auch auftrat, waren die Mädchen hingerissen von dem jungen Mann mit den glänzenden Augen, den Koteletten und den verächtlich herabgezogenen Mundwinkeln. Es war nicht nur die Musik, es war auch die herausfordernde, sinnliche Körpersprache, die Elvis zu einem einzigartigen Künstler machte. Seine eindeutigen Hüftbewegungen ließen die Fans ausrasten, doch viele Erwachsene empfanden sie als unzüchtig.

Im Jahre 1956 hatte ein Fernsehauftritt mit dem Song *Hound Dog* zur Folge, daß sich die Presse der allgemeinen Empörung der Erwachsenen anschloß. Im Fernsehen durfte Elvis nur noch von der Hüfte aufwärts gezeigt werden. In einigen Städten verbot man sogar seine Konzerte. Journalisten, die nur Tage zuvor ihre Aufmacherseiten mit dem Namen Elvis Presley geschmückt hatten, schrieben nun: „Dieser Mann ist gefährlich", oder: „Mütter, paßt auf eure Töchter auf."

Ein Glück, daß Elvis seinen Colonel hatte. Tom Parker wußte selbst negative Publicity geschickt zu nutzen – und die Fans standen natürlich zu ihrem Idol.

Elvis Presleys Erfolg nahm bisher nie dagewesene Dimensionen an. Er produzierte Hits wie am Fließband und wurde mit einer goldenen Schallplatte nach der anderen belohnt: *Heartbreak Hotel, Don't Be Cruel, Blue Suede Shoes.* Er war der König des Rock'n'Roll. Und der Colonel erfüllte Elvis noch einen Traum: ein Vertrag in Hollywood. Elvis spielte in seinem ersten Film, „Love Me Tender".

Auch wenn Elvis eine erstklassige Stimme hatte, war es vor allem seine Ausstrahlung, die ihn vor allen anderen weißen Sängern auszeichnete. Seine in die Musik eingeflossene Sexualität war genau das, worauf die jungen Leute der spießigen fünfziger Jahre gewartet hatten. Drei Jahre nachdem er von seinem ersten Cadillac geträumt hatte, besaß der Junge aus Tupelo, Mississippi, eine ganze creme- und pinkfarbene Flotte davon.

Elvis 1968 bei seinem Comeback. Zwar hatte sich die Welt der populären Musik verändert, doch das Charisma des Kings war ungebrochen.

Vom Rampenlicht in die Isolation von Graceland

Das Jahr 1956 war für Elvis ein grandioser Erfolg. Von einem in den Südstaaten relativ beliebten Sänger hatte er sich zu einer nationalen und internationalen Berühmtheit entwickelt – eine Karriere ohnegleichen. Doch es gab auch dunkle Stunden: Der Tod der Mutter Gladys war ein schwerer Schlag für Elvis.

Und dann kam 1957 der Einberufungsbefehl; das Bild, wie dem lachenden Elvis bei der Army die berühmte „Schmalztolle" abrasiert wurde, ging um die ganze Welt. Zwei Jahre lang war er in Deutschland stationiert.

Auch als Soldat fand Elvis noch Zeit, seinen Verpflichtungen als Sänger und nun auch Schauspieler nachzukommen. „Loving You" und „Jailhouse Rock" waren Filme aus dieser Zeit. Nach seiner Entlassung aus der Armee zog Elvis nach Graceland, einem Anwesen am Rande von Memphis. Der Superstar lebte in einem goldenen Käfig. Inzwischen war er verheiratet: Priscilla Beaulieu hieß die Glückliche. Es kam ein Töchterchen, Lisa Marie, das von Elvis abgöttisch geliebt wurde. Auf Tournee ging Elvis nicht mehr; die Konzerte waren zu groß und zu chaotisch geworden. Er konzentrierte sich nun auf seine Karriere in Hollywood, wo er einen Film nach dem anderen drehte. Damit seine Haare im Scheinwerferlicht besser zur Geltung kamen, färbte er sie pechschwarz. Den 1958 fertiggestellten Film „King Creole" halten viele für seinen besten.

Allmählich forderte der Ruhm seinen Preis, und in der Isolation von Graceland griff Elvis immer öfter zu Beruhigungstabletten. Was seine Ernährung anging, so aß er fast nur noch Hamburger. Der Grundstein für seine spätere Fettleibigkeit war bereits gelegt.

Mitte der 60er Jahre hatte sich die Welt der populären Musik von Grund auf verändert. Anstatt der harmlosen Konkurrenz von Perry Como und Co. leuchteten am Pophimmel nun die Sterne der Beatles und Rolling Stones.

Doch der King gab sich nicht geschlagen, und 1968 hatte er im schwarzen Lederoutfit und mit Hits wie *In the Ghetto* und *Suspicious Minds* ein gigantisches Comeback. Nach langen Jahren arbeitete er nun wieder mit Scotty Moore und D. J. Fontana aus seiner Band von 1956 zusammen.

Er trat in Las Vegas auf und entwickelte sich zu einem Entertainer, dem – anders als früher – die Begeisterung des Publikums aller Altersklassen sicher war.

Auftritt im weißen Glitzeranzug

Ein zweites großes Comeback 1973 orientierte sich an seinen Revue-Auftritten in Las Vegas: Das Konzert auf Hawaii zeigte Elvis im weißen Glitzeranzug. Der schwergewichtige King bewies einer Milliarde Fernsehzuschauern, daß er immer noch ein Meister war.

Im August 1977 erschütterte die Nachricht vom Tode Elvis Presleys die Fans. Nach jahrelanger Tablettensucht war der King einem Herzinfarkt erlegen.

Das Sun Studio in Memphis, wo Elvis Presley auf eigene Kosten seine erste Schallplatte aufnahm.

Elvis 1973 bei dem berühmten Konzert auf Hawaii, das per Satellit in die ganze Welt übertragen wurde.

Jahr für Jahr pilgern Tausende von Elvis-Fans nach Graceland, wo sie im Haus ihres Idols die Atmosphäre schnuppern, in der er gelebt hat.

Der „Saal der Trophäen" mit Wänden voller goldener Schallplatten

Der King ist tot – lang lebe der King

Über 500 Millionen Schallplatten waren in seiner zwanzigjährigen Karriere verkauft worden. Elvis Presleys Tod war für Amerika eine nationale Tragödie. Etwa 75 000 Menschen begleiteten den Trauerzug durch Memphis. Präsident Carter persönlich hielt die Trauerrede. Zahlreiche Erinnerungsstücke wurde versteigert: Krawatten, Hosen, Haarlocken, Fotokopien seines Führerscheins und sogar seiner Sterbeurkunde.

Graceland mit seinen über 20 Wohnräumen ist eine Touristenattraktion geworden. Abertausende von Elvis-Fans strömen jährlich nach Graceland und schauen sich die vielen Fernsehgeräte, die alte Armeeuniform, die Cadillacs, den alten Tourneebus und die Privatjets des Kings an. Und natürlich sein Grab. Graceland soll nach dem Weißen Haus die meistbesuchte Sehenswürdigkeit der Vereinigten Staaten sein.

Der Rundgang beginnt mit dem „Saal der Trophäen". Dort sind etwa 50 goldene Schallplatten ausgestellt, außerdem Gitarren und Anzüge, mit denen der King aufgetreten ist, sowie Geschenke und Widmungen. Anschließend betritt man den eigentlichen Wohnbereich. Das im polynesischen Stil gehaltene Billardzimmer und der Jungle Room mit seinem aus der Wand strömenden Wasserfall erinnern an den nicht immer guten Geschmack von Elvis. Alles in dem Haus scheint zu groß geraten zu sein, auch das in Rot und Gold gehaltene Musikzimmer.

Draußen im Park schließlich geht es zum „Meditationsgarten", der letzten Ruhestätte des Kings. Neben ihm sind sein Vater Vernon und seine Mutter Gladys begraben. Etwas abseits erinnert eine Gedenkplatte an Jessie Garon, den totgeborenen Zwillingsbruder. Ein letzter Ort der Besinnung, bevor man in die Souvenir-Läden entlassen wird.

In Memphis selbst kann man das ehemalige Sun Studio von Sam Phillips besichtigen. Auch wenn die Wände neu gestrichen sind – das Tonbandgerät im Regieraum soll noch dasselbe sein, mit dem Elvis seine ersten Lieder aufgenommen hat.

In der Erinnerung seiner Fans lebt Elvis Presley weiter. Nicht als der übergewichtige, einsame Mann im mittleren Alter, der Opfer seines Ruhmes wurde, sondern als der Junge mit den verächtlich herabgezogenen Mundwinkeln und der unverhüllten Erotik, der aus der Country Music der Weißen und dem Blues der Schwarzen den Rock'n'Roll schuf.

Das Grab Elvis Presleys in Graceland

STA
CHARLIE MUSSELWHITE
TEENIE HODGES
DAVE STEWART of the EURHYTHMICS
JOE JONAS and the WHALERS
DON McMINN And the RUMBOOGIE BAND
Rum Boogie Cafe
61
TEXA
62

Vorhergehende Doppelseite:
Aus New Orleans ist der Jazz nicht wegzudenken.

Gegenüber:
In Memphis hat der Musikfreund die Qual der Wahl: Überall gibt es Konzerte.

Links:
W. C. Handy ist der legendäre Vater des Blues. Vor allem die beiden Evergreens *Memphis Blues* und *Saint Louis Blues* gehen auf ihn zurück.

Lied der Traurigkeit: Der Blues

Nach dem Ende des Bürgerkrieges waren drei Millionen Sklaven, Männer und Frauen, in die Freiheit entlassen worden. Dreiviertel von ihnen waren Analphabeten und vollkommen mittellos. In den folgenden Jahrzehnten sollte es der großen Masse von ihnen nicht gelingen, aus der Armut herauszukommen. Viele arbeiteten nun als kärglich bezahlte Tagelöhner, andere wanderten in die Großstädte ab, wo so mancher von ihnen verelendete. Vor diesem sozialen Hintergrund entstand der Blues.

Eine ganz spezielle Form des Liedes

Musikalisch wirkten viele Einflüsse zusammen, bis der Blues eine feste Form angenommen hatte, vor allem der des religiösen Spirituals und der des rhythmischen Work-Songs. Außerdem hatten die schwarzen Amerikaner Bekanntschaft gemacht mit den Volksliedern, die Siedler aus der europäischen Heimat mitgebracht hatten. Deren schlichtes Versschema AAB ist möglicherweise das Vorbild des Strophenaufbaus im Blues gewesen. Die Harmonik ist ebenfalls einfach; sie besteht aus drei Grundakkorden: Tonika, Dominante, Subdominante. Die harmonische Besonderheit des Blues jedoch ist die Verwendung der sogenannten „blue notes" – das sind bestimmte erniedrigte Stufen einer Tonleiter, vor allem die erniedrigte Quinte („flatted fifth"). Diese Töne, die ein schwermütiges Klangbild erzeugen, entsprachen dem musikalischen Empfinden der Farbigen.

Sich resigniert in sein Schicksal zu fügen, die Depression zu kultivieren und in ihr zu versinken – das scheint bis heute den Geist des Blues auszumachen. Die meisten Themen reflektieren düstere Aspekte des Lebens: Elend, Arbeitslosigkeit, Alkoholismus, Untreue, Lüge. Die besondere Faszination der Texte liegt nicht zuletzt darin, daß die Blues-Sänger von ihrem eigenen Leben und seinen Katastrophen erzählen. Sie wissen, wovon sie sprechen, und das macht sie glaubwürdig.

Um die Jahrhundertwende hatte der Blues seine charakteristische Form angenommen. Einer seiner Väter war zweifellos W. C. Handy. Der aus Memphis stammende Musiker war der erste, der die neue Musik niederschrieb. Er komponierte viele Blues-Stücke, die schon bald zu Klassikern werden sollten, darunter den *St. Louis Blues* und den *Memphis Blues*.

In Memphis gibt es immer noch Häuser, die den Charme des alten Südens besitzen. Heute wird in dieser Stadt die afro-amerikanische Kultur gepflegt – das hätten sich die Sklavenhalter von einst nicht träumen lassen.

Rechts:
B. B. (Blues Boy) King war einer der ersten Blues-Musiker, der die elektrische Gitarre einsetzte.

Unten:
Auch heute noch ist der Blues die Ausdrucksform der im sozialen Abseits lebenden Bevölkerungsschichten.

Gegenüber:
Walter „Furry" Lewis war ein wichtiger Vertreter des Memphis-Blues. Diese Stilrichtung der zwanziger und dreißiger Jahre näherte sich der Tanzmusik; ihre Grundstimmung war eher heiter.

New Orleans, Geburtsstadt des Jazz

Aber die Musik der Schwarzen hatte auch andere Facetten. Als getreuer Spiegel der Vitalität dieser Menschen war sie immer in Bewegung und brachte bald neue Strömungen hervor. Es bildeten sich schwarze Kapellen, bestehend aus Banjo, Gitarre, Fiedel und Mandoline. Diese kleinen Orchester brachten die Weißen bei Straßenfesten zum Tanzen, etwa beim „Mardi Gras" (Fastnacht), wenn in New Orleans der Karnevalsumzug stattfindet.

Eine neue Art des Klavierspiels: der Ragtime

Ein entscheidender Schritt in der Entwicklung der schwarzen Musiker war, daß sie das Klavier für sich entdeckten. Sie erfanden den Ragtime, eine Spielweise mit ganz neuer Rhythmik. Dabei spielt die linke Hand unbeirrt einen Viervierteltakt mit der Betonung auf dem ersten und dritten Taktschlag („Two-Beat"). Die rechte Hand dagegen intoniert eine Melodie in synkopenähnlichen Verzögerungen („Off-Beat"), das heißt, die betonten Noten der Melodie fallen zwischen die regelmäßigen Taktschläge der Begleitung – jedoch an keiner bestimmten Stelle. Daraus entsteht ein spannungsvoller Kontrast.

Spiritual, Blues, Ragtime – die Mischung sämtlicher Genres bestimmte die Szene. In seiner *Geschichte des Blues* schreibt Giles Oakley: „Um die Jahrhundertwende erlebte New Orleans die wechselseitige Beeinflussung der unterschiedlichsten Arten von Musik. Märsche, französische Quadrillen, spanische Rhythmen, schwarze Tänze und natürlich Ragtime, und das alles gespielt von weißen, kreolischen oder schwarzen Gruppen."

Aus dieser Mischung entstand der Jazz; das Wort *jass* stammt aus der Sprache der in Louisiana lebenden Kreolen und bedeutet soviel wie Erregung, Tempo und Sex. Wichtigstes Kennzeichen des Jazz war die Verschmelzung von Ragtime und Blues – ein explosiver und berauschender Cocktail, der das schwarze New Orleans entflammen sollte.

Die Bamboulas

Während der langen Zeit der Sklaverei war New Orleans eine der wenigen Städte gewesen, die den Sklaven wenigstens ein Recht zugestanden: die Freiheit, einmal in der Woche die Riten ihrer Vorfahren zu zelebrieren und so ihre afrikanischen Traditionen zu

PUSSY
CLUB

Gegenüber:
„Bourbon Street" ist nicht nur ein vielgespielter Jazz-Titel – es gibt ihn wirklich, nämlich im französischen Viertel von New Orleans. Hier gaben neben vielen anderen Louis Armstrong und Sidney Bechet ihre Debüts.

Links:
Die ersten Jazzbands entstanden zwischen 1910 und 1920. Die musikalische Revolution begann damit, daß die traditionellen Instrumente auf eine völlig neue Art gespielt wurden. Selbstverständlich gab es kein einziges weißes Mitglied.

bewahren. Jeden Sonntag ertönte am Congo Square der dumpfe Klang der Trommeln; der Platz (heute: Beauregard Square) bezog seinen Namen von dem sogenannten Kongo-Ball, dem Ball der Schwarzen. Diese besonderen Zusammenkünfte hießen „Bamboulas", ein Wort, das sowohl die Trommel als auch den Tanz zu ihren Klängen bezeichnete.

Ab 1843 waren Bamboulas verboten, doch sie verschwanden nicht völlig. In ruhigerer Form tauchten sie in Gestalt des „Ring Shout" wieder auf, jenes rhythmischen Singsangs der protestantischen Schwarzengruppen. Wichtig ist jedoch vor allem ihre historische Rolle: Die Bamboulas waren die erste öffentliche Manifestation einer ureigenen Musik des südlichen Louisiana.

Eines der vielbesungenen Steamboats im Hafen der Hauptstadt des Jazz.

Treffpunkt der Kulturen

New Orleans, das vor dem Verkauf Louisianas an die Vereinigten Staaten im Jahre 1803 „La Nouvelle-Orléans" hieß, war geprägt von seiner französischstämmigen Bevölkerung, die als besonders lebensfroh bekannt war. Und so genoß New Orleans zu Beginn des zwanzigsten Jahrhunderts den Ruf einer freizügigen Stadt. Hier konnte man das Leben in vollen Zügen genießen. Literaten wie William Faulkner, Erskine Caldwell, John Dos Passos und Tennessee Willams ließen sich in New Orleans nieder. Samuel Clemens, bekannt als Mark Twain, machte hier oft Station, als er Flußlotse auf dem Mississippi war.

New Orleans war eine bunte, brodelnde Stadt. Spanier, Cajuns – Nachkommen der aus Neuschottland vertriebenen französischen Kolonisten, die den Mississippi heruntergekommen waren –, Kreolen – Mischlinge unterschiedlicher Abstammung –, Engländer, Amerikaner aus dem Norden, arme Weiße aus dem Süden und Afrikaner drängten sich lärmend auf den Straßen, wo rund um die Uhr etwas los war.

Vor diesem Hintergrund muß man sich vorstellen, wie die schwarzen Musiker nach dem Bürgerkrieg die von Militärkapellen zurückgelassenen Instrumente übernahmen, sich mit ihnen vertraut machten und Trompete, Tuba, Horn, Posaune und Klarinette zu neuem Leben erweckten. Doch es dauerte noch viele Jahre, bis aus diesen Impulsen Musikkapellen neuen Typs entstanden – die Bands. „The Six and Seven-Eights Band" wurde

Rechts:
Die Preservation Hall in New Orleans ist eine Hochburg des Dixieland, der konservativsten Form einer sich ständig verändernden Musik.

Unten:
Der Karneval von New Orleans, der Mardi Gras, zählt mit dem von Rio zu den verrücktesten der Welt. Das ausgelassene Fest zieht in jedem Jahr Hunderttausende von Zuschauern an.

1911 gegründet. Die „Creole Jazz Band" unter der Leitung von King Oliver spielte bis 1918 in New Orleans und wechselte dann nach Chicago. Die meisten Musiker, die sich in diesen Bands zusammenschlossen, hatten nie Noten lesen gelernt. Sie spielten nach Gehör, improvisierten, erfanden, adaptierten ein Thema und bereicherten es um immer neue Variationen. Die schwarzen Musiker liebten ihren Jazz mit einer Leidenschaft, die alles, was sie intonierten, mit einem charakteristischen Schwung beflügelte, mit einem inneren Motor, den sie „Swing" nannten.

Eine Stadt voller Musik

Die ausgelassen musizierenden Bands waren in der ganzen Stadt präsent: in den eleganten Salons, wo man großbürgerliche Hochzeiten feierte, ebenso wie in den finstersten Spelunken und selbst auf den Decks und in den Spielsälen der Steamboats, die den Mississippi befuhren. Im französischen Viertel – French Quarter, Vieux Carré oder auch Storyville genannt – waren die Bands so zahlreich, daß sie einander oft auf der Straße begegneten, die eine von einer Beerdigung kommend, die andere von einem feuchtfröhlichen Fest. Auf solchen Festen wurden auch musikalische Wettbewerbe temperamentvoll ausgetragen, sehr zur Freude des zahlreich erschienenen Publikums. Man ließ die Hüften kreisen, bewegte sich lasziv und tanzte rhythmisch – Erotik war ein wesentliches Element dieser Musik.

Die erste Jazzplatte

Es waren Weiße, welche die erste Jazzplatte aufnahmen. Am 17. Februar 1917 ging Jimmy Durantes „Original Dixieland Jazz Band" in die Geschichte ein. Dixieland, ein Spitzname der Südstaaten, bezeichnete schon bald den besonderen Musikstil von New Orleans. Doch noch im selben Jahr änderte sich alles: Das erste Prohibitionsgesetz wurde erlassen. Das Verbot, Alkohol auszuschenken, gab den berühmten Etablissements von Storyville den Todesstoß: Eines nach dem anderen mußte schließen. Die Zeiten des sinnenfrohen Lebensgenusses waren vorbei. Für die Jazzmusiker war New Orleans nun kein gutes Pflaster mehr, und die besten verließen die Stadt und gingen nach Norden, vor allem nach Chicago, wo sie weitermusizierten.

Links:
Vor allem Louis Armstrong (auf dem Foto rechts), der außerordentliche Trompeter und eindrucksvolle Sänger mit der rauhen Stimme, hat den New Orleans Jazz weltbekannt gemacht. Den Spitznamen „Satchmo“ bekam Armstrong aufgrund seines großen Mundes – von „satchel“ (Schulranzen) und „mouth“ (Mund).

Eine andere Musik des Südens: Die Country Music

Der „Blues der armen Weißen“, wie die Country Music genannt wurde, war einige Jahrzehnte vor dem Blues der Schwarzen als Musik der Siedler entstanden, die sich in den Gebieten des Südens niederließen. Heute denkt man bei dieser Musik für gewöhnlich an die Appalachen oder die Ebenen von Texas, da sie so eng mit dem Bild des Cowboys verbunden ist; das liegt daran, daß diese Musik vornehmlich in Wildwestfilmen eingesetzt wurde. In Wahrheit aber ist ihre Heimat der alte Süden.

Entwickelt hat sich die Country Music aus den Liedern, die von den Einwanderern aus Europa mitgebracht worden waren. Die Seemanns-, Soldaten- und Volkslieder sollten die verschwimmende Erinnerung an die Vergangenheit wachhalten. Die schlichten, unsentimentalen Weisen, als Balladen oder als Two-Step vorgetragen und von Banjo, Gitarre oder Fiedel begleitet, verkürzten den Weißen die langen Abende.

Wie der Blues ist auch die Country Music ein ursprünglich rein ländliches Phänomen. Und wie der Blues wurde auch sie in aller Welt populär – und kommerzialisiert. Hauptstadt der Country Music ist Nashville, Tennessee, mit den berühmten Studios, in denen Stars wie Hank Williams, Kenny Rogers, Dolly Parton, Johnny Cash und Emmylou Harris ihre Lieder einspielten. Heute erlebt die Country Music durch eine neue Generation von Künstlern wie Bonnie Raitt eine neue Blüte.

Ein reiches, lebendiges Erbe

Auch in anderer Weise hat die Country Music überlebt: Sie war eines der Elemente, aus deren Verschmelzung in den fünfziger Jahren der Rock'n'Roll geboren wurde, eine Verbindung des schwarzen musikalischen Erbes der USA mit dem weißen. Wie der Jazz hat sich der Rock'n'Roll seitdem in zahlreiche musikalische Stilrichtungen aufgefächert, und sein Siegeszug durch die ganze Welt hat den des Jazz noch übertroffen.

Einige Jazzmusiker, die mit dem Blues von New Orleans aufwuchsen, sind weltberühmt geworden – Louis Armstrong, Sidney Bechet, Mahalia Jackson und Fats Domino sind nur einige Namen. Der Süden kann stolz sein auf seine kulturelle Vergangenheit. Und das gilt nicht zuletzt für New Orleans.

Viele junge Musiker träumen davon, in die Fußstapfen ihrer berühmten Vorbilder zu treten. Aber nicht aus jedem wird ein Charlie Parker.

Geschichten von Schwermut und Gewalt

Vier der großen amerikanischen Autoren sind am Ufer des Mississippi geboren: William Faulkner, Tennessee Williams, Mark Twain und Francis Scott Fitzgerald. Mit Ausnahme von Fitzgerald, der sich ausschließlich mit der „verlorenen Generation" der zwanziger Jahre befaßte, sind alle vom großen Strom geprägt. Mark Twain war Lotse auf dem Mississippi und verarbeitete seine Erlebnisse zu einem autobiographischen Werk. In den Werken von Faulkner, der 1949 den Nobelpreis für Literatur erhielt, und Tennessee Williams begegnet der Leser fortwährend einer schwermütigen Grundstimmung und dem für den amerikanischen Süden typischen Thema der Gewalt.

William Faulkner steht auf einer Stufe mit literarischen Größen wie James Joyce, Marcel Proust und anderen Spurensuchern im Reich der Seele.

Tennessee Williams oder Endstation Sehnsucht

„Sehnsucht bedeutet, daß man über einen größeren Raum verfügen will als den, den man hat. Mein ganzes Leben lang war ich von dem Gedanken besessen, daß man, wenn man etwas will oder intensiv liebt, verwundbar ist."

Diese Worte stammen aus dem Vorwort zu dem Werk *Zwei Vögel im Paradies* von Tennessee Williams, das 1956 in der *New York Times* erschien. Die Figuren in diesem Werk verkörpern exemplarisch das Menschenbild des Schriftstellers: Ein altes Paar wartet schweigend auf den Tod; ein junges Mädchen unterzieht sich einer Leukotomie, einer Gehirnoperation (wie Rose, die geisteskranke Schwester des Autors); ein ehemaliger Marinesoldat, der einen Arm im Krieg verlor, geht auf den Strich; ein einsames Mädchen, das sich mit seiner zerbrochenen Puppe bei den Eisenbahngleisen herumtreibt; Landstreicher, Außenseiter, alternde Schauspieler; ein zum Tode Verurteilter entdeckt die Liebe; eine junge Frau vergeht vor Leidenschaft zu einem Mann, der eine andere heiratet. Die meisten seiner Figuren lehnen sich nicht gegen das Leid auf.

Das Leid auf dem Weg zum Tod

„Haben nur diejenigen, die etwas besitzen, nie gelitten? Zeige mir jemanden, der nie gelitten hat; er ist mit Sicherheit ein oberflächlicher Mensch", schreit Blanche DuBois in *Endstation Sehnsucht,* einem der bekanntesten Stücke von Tennessee Williams. Dieser Titel entstand so: Im französischen Viertel seines so geliebten New Orleans gab es zwei Straßenbahnlinien: Die eine fuhr zum Stadtviertel „Désir" (Sehnsucht), die andere zum Friedhof. Das bot sich als Symbol für die Situation des Menschen, wie Williams sie verstand, geradezu an.

Das Leben ist für Williams eine ewige Suche, an deren Ende der Tod steht. „Sehnsucht" ist ein anderes Wort für Suche. Und diese Sehnsucht hat immer Leid zur Folge: Die Nichterfüllung der Sehnsucht bringt Leid, manchmal aber auch die Erfüllung. Die Nichterfüllung bindet uns an das Objekt unserer Sehnsucht, die Erfüllung hinterläßt Leere.

Tennessee Williams wurde 1911 in Columbus, Mississippi, geboren. Bis zu seinem 20. Lebensjahr blieb er in seiner Geburtsstadt. Seine Eltern verstanden sich nie, und seine einzige Schwester verlor den Verstand.

Erfolg in Hollywood

Tennessee Williams verließ Columbus und begab sich auf Wanderschaft. In Hollywood machte er als Drehbuchautor Karriere und erstellte für namhafte Regisseure Leinwandfassungen einiger seiner Stücke. Die bekanntesten davon sind: „Endstation Sehnsucht" (mit Marlon Brando und Vivien Leigh) und „Baby Doll" (mit Karl Malden und Carrol Baker) für Elia Kazan; „Die tätowierte Rose" (mit Anna Magnani und Burt Lancaster) für Daniel Mann; „Die Katze auf dem heißen Blechdach" (mit Paul Newman und Elizabeth Taylor) für Joseph Mankiewicz und „Der Mann in der Schlangenhaut" (mit Marlon Brando und Anna Magnani) für Sidney Lumet. Außerdem schrieb er einen Teil der Dialoge für Luchino Viscontis „Sehnsucht". Sein Werk war darüber hinaus Vorlage für weitere Filme, etwa „Die Nacht des Leguan" von John Huston.

Tennessee Williams starb am 25. Februar 1983. Er erstickte am Verschluß eines Schlaftablettenröhrchens.

Vivien Leigh und Marlon Brando in dem Film „Endstation Sehnsucht"

William Faulkner und die Tragödie des Südens

Der 1897 in New Albany (Mississippi) geborene William Faulkner hielt ein Leben lang dem Deep South, dem tiefen Süden, die Treue. Faulkner beschäftigte sich in seinen Werken vorwiegend mit dem Phänomen der Gewalt, die so eng mit der Geschichte der Südstaaten verbunden ist.

Zur Zeit von Faulkners Geburt war die Erinnerung an den amerikanischen Bürgerkrieg noch längst nicht verblaßt. Man hatte eine panische Angst vor allem Modernen: Denn der Süden, der eine in sich abgeschlossene Welt gewesen war, sah sich nun gezwungen, Teil eines modernen Staatengebildes zu werden und den Fortschritt zu akzeptieren. Aber in einer Gesellschaft starker Klassengegensätze, wo politische Rücksichtslosigkeit und Rassismus an der Tagesordnung waren, war die Gewalt nach wie vor stärker als das Recht.

Einen Großteil seines Lebens verbrachte Faulkner, wie es sich für einen Mann des Südens gehörte: als Herr von Stand und Patriarch, der sich für seine Sippe verantwortlich fühlte. Er ging auf die Jagd, trank oft weit über den Durst, rauchte und kümmerte sich um seine schwarzen Landarbeiter, die er als seine Schutzbefohlenen betrachtete.

Spurensucher der Seele

In seinen Büchern beschrieb Faulkner die „Dämonen des Südens", meist mit Sympathie und Verständnis. Mit seinem modernen Erzählstil stand er literarisch auf der gleichen Stufe wie James Joyce, Marcel Proust und andere namhafte Spurensucher der menschlichen Seele.

Sein Roman *Als ich im Sterben lag* spielt in der fiktiven Stadt Jefferson im nicht minder imaginären Yoknapatawpha County. Diese Stadt und diese Region spielen in fast allen weiteren Werken Faulkners eine Rolle. Sie stehen symbolisch für den Süden, das verlorene Paradies, in dem die Gewalt endgültig die Herrschaft übernommen hat.

Der Nobelpreisträger

Ab 1942 arbeitete William Faulkner in Hollywood als Drehbuchautor, vor allem für Howard Hawks, und 1949 wurde er mit dem Nobelpreis für Literatur ausgezeichnet. Seinen Lebensabend verbrachte der große Mann des amerikanischen Südens bis zu seinem Tod im Jahre 1962 weitgehend im Zustand der Trunkenheit.

Mark Twain, der Mann vom Mississippi

Auch heute noch begeistern *Tom Sawyers Abenteuer* und *Huckleberry Finns Abenteuer* Jungen und Mädchen gleichermaßen. Viele sehen in Mark Twain daher vor allem einen Jugendbuchautor. Doch dies wird seiner Leistung nicht gerecht: Mark Twain war ein großer Dichter und Künder vom Mississippi, geprägt von der Poesie – und von der Gewalt des Südens.

Trotz des überwiegend humoristischen Stils und der schlichten Sprachbilder darf *Huckleberry Finn* auf keinen Fall als Jugendliteratur abgetan werden. Auf seiner Wanderschaft begegnet Huck so manchem Abenteurer, der sich an keinen Glauben und an kein Gesetz gebunden fühlt: Sklavenhalter, Schlägertypen, Betrüger und alle nur vorstellbaren Arten von skrupellosen Halunken. Solche Figuren waren typisch für jene Periode der amerikanischen Geschichte; es war die Blütezeit des ungebändigten Kapitalismus. Der Mississippi bildete damals die Grenze zum Wilden Westen und war Zufluchtsgebiet für alle, die sich außerhalb des Gesetzes bewegten. Als Huckleberry Finn die Welt um ihn herum schließlich begriffen hat, findet er: „Die Menschen können entsetzlich grausam zueinander sein."

Die Schule des Lebens

Der richtige Name Mark Twains war Samuel Langhorne Clemens. Er wurde 1835 in Florida, Missouri, geboren. Als er vier Jahre alt war, zog die Familie nach Hannibal. Dieses Städtchen stellte später den äußeren Rahmen für *Die Abenteuer des Tom Sawyer.* Nach dem Tod des Vaters mußte der Zwölfjährige seine Schulausbildung abbrechen und begann eine Lehre als Schriftsetzer. Fünf Jahre später fing er an zu schreiben. Im *Missouri Courier* und im *Journal* wurden seine ersten humorvollen Artikel veröffentlicht.

Ganz oben:
Mark Twain vor seinem Elternhaus

Oben:
Mark Twains Schreibtisch

Die Statuen von Mark Twains Helden Tom Sawyer und Huckleberry Finn in Hannibal

Im Jahre 1857 beschloß er, Steuermann auf dem Mississippi zu werden. Bei dieser Arbeit kam er auf seinen Künstlernamen Mark Twain. Es war der Ruf, mit dem die Matrosen die Fahrrinne prüften, wenn sie mit ihrem Schiff Untiefen passieren mußten: "Deep four!...Mark three!...Quarter twain!...Mark twain!" Bei „Mark twain" wußte man, daß der Fluß hier nur zwei Faden tief war. Nun wurde es brenzlig, und die Gefahr, auf Grund zu laufen, war groß.

Als 1861 der Bürgerkrieg ausbrach, war es Mark Twain unmöglich, Partei zu ergreifen. Zunächst ging er daher nach Kalifornien, später dann nach Nevada, wo er als Goldsucher sein Glück finden wollte. Von diesen Erfahrungen berichtete er in *Durch Dick und Dünn.* Sein erstes großes Buch trug den Titel *Die Arglosen im Ausland.* Es war von seinen Reisen als Reporter im Mittelmeerraum inspiriert.

Auch Deutschland besuchte der scharfe Beobachter. Es ist noch heute amüsant, in Mark Twains Aufzeichnungen zu schmökern. Mit Sympathie, aber auch Befremden berichtet er beispielsweise vom Leben der Heidelberger Studenten und den Bräuchen der Burschenschaften. Und die deutsche Sprache faszinierte ihn wegen ihrer Kompliziertheit.

Heimweh nach dem Mississippi

Doch so interessant all diese Reisen auch sein mochten – es gelang Mark Twain nie, sein Heimweh nach dem Mississippi zu verdrängen. Der anerkannte und wohlhabende Schriftsteller schrieb: „Wenn meine Frau einverstanden wäre, würde ich sofort meinen Schreibtisch verlassen und wieder Steuermann werden."

Im Jahre 1881 kehrte der 46jährige schließlich wieder an den Mississippi zurück. Es entstand eine umfangreiche Geschichtensammlung mit dem Titel *Leben auf dem Mississippi,* ein Mosaik von Erzählungen und Anekdoten aus der Zeit des Bürgerkrieges, mit Gespenstern und volkstümlichen Geschichten.

Mark Twain machte nicht nur viele reale Reisen – sein Leben war auch eine innere Reise. Er war ein widersprüchlicher, oft auch schwieriger Mensch. Während er in jungen Jahren fast allem eine heitere Seite abgewinnen konnte, wurde seine Einstellung den Menschen gegenüber mit zunehmendem Alter immer negativer.

Mark Twain im Sommer des Jahres 1906 in Dublin, New Hampshire

F. Scott Fitzgerald und die zwanziger Jahre

Im Jahre 1920 veröffentlichte der 24jährige Francis Scott Fitzgerald (geboren 1896 in Saint Paul, Minnesota) seinen ersten Roman, *Diesseits des Paradieses.* Das Buch wurde von den Kritikern hoch gelobt und fand vor allem bei der amerikanischen Jugend großen Anklang. Noch größer war der Erfolg seiner beiden weiteren Bücher: *Die Schönen und Verdammten* (1922) und *Der große Gatsby* (1925).

Scott und Zelda

Scott Fitzgerald schrieb schon seit seiner frühen Jugend. Als Student an der Universität Princeton war er vor allem damit beschäftigt, im „Triangle Club" selbstgeschriebene Theaterstücke zu inszenieren. Sein Examen bestand er nur, weil man wohlwollend berücksichtigte, daß er sich 1917, als die Vereinigten Staaten in den Ersten Weltkrieg eintraten, freiwillig gemeldet hatte.

Im Jahre 1920 heiratete er Zelda Sayre, sicherlich eine exzentrische junge Frau. Das Paar führte ein hektisches Leben. Sie reisten mehrfach nach Europa, wo Scotts und Zeldas ausschweifender Lebenswandel immer wieder Stoff für die Klatschpresse lieferte.
Für die „lost generation" (verlorene Generation), die zwischen dem Ende des Ersten Weltkriegs und der großen Wirtschaftskrise von 1929 das Erwachsenenalter erreichte – die „Kinder des Jazz", wie Fitzgerald sie nannte –, verkörperte das Glamour-Paar Jugend, Schönheit und Reichtum.

Immer knapp bei Kasse

Um die Rechnungen für diesen Lebensstil bezahlen zu können, schrieb Fitzgerald für die unterschiedlichsten Zeitschriften und Zeitungen. Im Jahre 1922, als das US-amerikanische Durchschnittseinkommen bei 500 Dollar lag, verfügte er über ein Jahreseinkommen von 35480 Dollar. Aber obwohl Fitzgerald damals der höchstbezahlte Autor der USA war, machte er bei seinen Freunden jede Menge Schulden.

Um kurzfristig zu Geld zu kommen, sah sich Fitzgerald immer öfter gezwungen, Kurzgeschichten zu schreiben – allein über 400 für die *Saturday Evening Post.* Außerdem schrieb er in den zwanzig Jahren seines Schaffens fünf Romane; *Der letzte Tycoon* blieb unvollendet und wurde erst ein Jahr nach seinem Tod veröffentlicht.

Aus bescheidenen Verhältnissen

Auch heute noch wird F. Scott Fitzgerald zu den bedeutenden amerikanischen Schriftstellern gezählt. Er stammte aus bescheidenen Verhältnissen: Sein Großvater war irischer Einwanderer und Katholik, sein Vater ein kleiner Industrieller, der Bankrott gemacht hatte. Als junger Mensch litt Fitzgerald sehr darunter, daß er nicht zur privilegierten Gesellschaftsschicht gehörte, die ihn faszinierte. Später sah er durchaus die Brüchigkeit und die Oberflächlichkeit dieser Welt und machte sie zum Thema seiner Werke – konnte sich aber im wirklichen Leben ihrem Glanz nicht entziehen.

Wie die „happy few" (die glücklichen wenigen) ihrer Zeit tanzten Scott und Zelda auf dem Vulkan. Um ihrem Image gerecht zu werden, lebte das Paar über zehn Jahre lang in einem atemberaubenden Tempo. Sie veranstalteten ein rauschendes Fest nach dem anderen. Doch der rasante Lebenswandel forderte seinen Preis: Ende der zwanziger Jahre wurde Zelda in eine psychiatrische Anstalt eingeliefert, wo sie bis zu ihrem Lebensende blieb. Im Jahre 1948 kam sie bei einem Brand in der Anstalt ums Leben.

Scott unterzog sich mehreren Entziehungskuren. Er versuchte, in Hollywood als Drehbuchautor Fuß zu fassen. Dort starb er im Jahre 1940 im Alter von nur 44 Jahren an Herzversagen.

Francis Scott Fitzgerald

OLD MAN RIVER

Kaum zu glauben, aber der Unterlauf des Mississippi ist nur 800 Meter lang – und nicht über 3000 Kilometer! Am erstaunlichsten ist jedoch, daß dieser winzige Fluß in einem geschlossenen Kreislauf ohne Ausgang fließt, auf einer Insel! Und es genügt ein Schritt, um vom rechten aufs linke Ufer zu kommen. Die einfache Erklärung: Es handelt sich um ein Modell des Mississippi, gebaut im Zentrum von Memphis, auf Mud Island. Das Modell zeigt den Abschnitt zwischen der Vereinigung des Mississippi mit dem Illinois und dem Missouri – oberhalb von Saint Louis – und seiner Mündung in den Golf von Mexiko. Das nahe gelegene Mississippi River Museum geht der bunten, ereignisreichen Geschichte des Flusses nach und erinnert den Besucher an alle Katastrophen, die er verursachte.

Auch in Vicksburg wurde der Strom nachgebaut, allerdings in sehr viel größerem Maßstab. Auf einigen hundert Hektar richteten die Ingenieure der US-Armee eine Forschungsstation ein, die das gesamte Mississippi-Becken darstellt. Die Berge und Täler, maßstabgerecht verkleinert, entsprechen dem Profil des Einzugsgebiets; alles ist nachgebildet, bis hin zu den Hunderten von Stauseen und Talsperren, welche die Ebenen schützen und die Hochwasser regulieren. Das Gefälle des künstlichen Flusses entspricht den Fließverhältnissen des wirklichen Stroms, um die geophysikalischen Bedingungen zu simulieren.

Die Erfahrungen, die man bei der Simulation sammelt, dienen einem ebenso praktischen wie wichtigen Zweck. Anhand von Satelliten- und Luftaufnahmen überwacht man nämlich in der Forschungsstation den wirklichen Mississippi, und bei bedrohlichen Veränderungen können Maßnahmen getroffen werden, um möglichen Gefahren zu begegnen.

Denn „Old Man River“, wie er in einem Lied genannt wird, ist launenhaft. Plötzlich tritt er über die Ufer, verläßt sein Bett und überschwemmt alles, was ihm in den Weg kommt. Schon immer war der Strom unberechenbar und hatte sich den Zwängen, die man ihm auferlegte, widersetzt; notgedrungen mußte sich also der Mensch ihm anpassen. Trotz aller Maßnahmen zur Regulierung der Fluten: Bis heute müssen Lotsen der Mississippi-Schiffe manchmal wahre Heldentaten der Navigation vollbringen.

Oben:
Ein ungewöhnlicher Blick auf den Mississippi: In Memphis ist eine Miniaturnachbildung des „launischen Alten“, wie er auch genannt wird, zu bewundern. In Ruhe können die Besucher den Flußabschnitt zwischen Saint Louis und der Mündung in den Golf von Mexiko ablaufen.

Gegenüber:
Die Überschwemmungen des Mississippi haben es in sich. Seit dem 19. Jahrhundert versuchen amerikanische Ingenieure, das Ausmaß zu begrenzen. Aber trotz aller technischen Fortschritte ist die Gefahr nicht gebannt. Das Foto von den gewaltigen Überschwemmungen des Jahres 1993 zeigt dies.

Auf seiner langen Reise bis zum Golf von Mexiko ist der Mississippi nicht immer friedlich. Manchmal schlängelt er sich zwar harmlos zwischen kleinen Inseln hindurch und verliert sich sogar hier und da in einem toten Flußarm, kommt dann aber plötzlich wieder als reißender Strom zum Vorschein und rast mit geballter Kraft gegen ein Stauwehr oder eine Schleuse.

Der „launische Alte"

Bis in die zwanziger Jahre waren die Ingenieure überzeugt, den Fluß im Griff zu haben. Das Hochwasser des Jahres 1927 zerstörte diese Gewißheit. Nach Schätzungen wurden damals etwa 67 300 Quadratkilometer Felder überschwemmt. Der Pegel der Stadt Cairo zeigte 17 Meter, der von Vicksburg 18 Meter an. Memphis versank unter einer 14 Meter hohen schlammigen Brühe. Die Zahlen hätten noch schlimmer ausgesehen, wenn die Deiche nicht gehalten hätten. Das Hochwasser forderte 214 Opfer, die ertrunken oder verschollen waren; 637 000 Menschen mußten evakuiert werden. Auch der materielle Schaden war beträchtlich: Er belief sich auf eine Milliarde Dollar.

Seit dieser Flutkatastrophe war der Kampf gegen das Hochwasser hohes Ziel der Politiker, aber 1937 war man immer noch nicht ausreichend gewappnet: In Cairo stieg der Pegel wieder auf 17 Meter, als hätte sich eine riesige Wassermasse von der Größe des Oberen Sees auf einen Schlag in das untere Mississippi-Becken entleert. Der Hochwasser führende Missouri richtete 1951 gewaltigen Schaden in Kansas City und Umgebung an. Und im Sommer 1993 war die jüngste Flutkatastrophe zu verzeichnen, eine der schwersten in diesem Jahrhundert. Wochenlang standen weite Gebiete unter Wasser.

Die Stadt Grand Rapids in Minnesota ist bekannt durch ihre Papierfabriken und ihr Stauwehr – das erste, das der Mississippi überwinden muß. Die großen Stromschnellen *(grand rapids)* gibt es hier nun nicht mehr.

Wassermassen wie bei der Sintflut

Wenn es zu einem Hochwasser kommt, wirken mehrere Faktoren zusammen. Der Strom entwässert 41 Prozent der Fläche Nordamerikas; in seinem Einzugsgebiet liegen 31 Bundesstaaten und zwei kanadische Provinzen. Die Zahl der Nebenflüsse beträgt etwa hunderttausend. Die westlichen Zuflüsse sind unberechenbarer als die östlichen. Im Frühjahr und Sommer liegt die Wassermenge der westlichen Zuflüsse drei- bis viermal so hoch wie im Winter. So schafft der Missouri bei Hochwasser 22 600 Kubikmeter pro Sekunde heran – in der Trockenperiode dagegen nur 370 Kubikmeter pro Sekunde. Die Böden der großen Prärien, die von der Erosion abgetragen werden, belasten den Missouri mit riesigen Mengen an Schwebstoffen – daher sein Beiname „Big Muddy". Wenn der „große Schlammfluß" über die Ufer tritt, sagen die Farmer schicksalsergeben, das ockerfarbene Wasser des Flusses „sei zu dick zum Trinken und zu dünn zum Pflügen".

Der Zusammenfluß des Mississippi mit dem Missouri hat Folgen: Der Missouri ist nämlich extrem schlammhaltig – deshalb wird er „Big Muddy" (großer Schlammfluß) genannt. Der Mississippi verliert jetzt seinen letzten blauen Schimmer und nimmt einen bräunlichen Farbton an, den er bis zur Mündung beibehalten wird.

Man schätzt das Gewicht der vom Missouri mitgerissenen Böden auf über 240 Millionen Tonnen pro Jahr. Nach der Vereinigung mit dem Mississippi hinterläßt Big Muddy auch dort seine Spuren: Unterhalb der Einmündung wird das Wasser des Mississippi ockerfarben. Der Red River, der Arkansas, der Platte, der Kansas und der Missouri nehmen zwischen April und September 70 Prozent der gesamten Jahresmenge an Niederschlägen ihrer Region auf, die sie in den Mississippi ergießen.

Von März bis Juni kommen die Nebenflüsse des oberen Mississippi, der Minnesota River, der Wisconsin, der Illinois und der Iowa, von der Schneeschmelze angeschwollen, hinzu. Der Ohio, ein weiterer großer Zufluß, liefert Anfang März 60 Prozent der Wassermassen unterhalb von Vicksburg. Dieser Beitrag ist das Doppelte dessen, was der Ohio durchschnittlich während der übrigen Monate des Jahres dem Mississippi zuführt. Dieser enorme Anstieg Anfang März macht den Ohio zum Hauptverursacher der Mississippi-Hochwasser flußab von Cairo.

Hochwasser im Unterlauf

Weitere Faktoren lassen den Mississippi noch unberechenbarer werden. So können frühe Regenfälle, Gewitter über den Großen Ebenen oder eine kurze Wärmeperiode dazu führen, daß aller Schnee auf einmal schmilzt oder sich schwere Regengüsse auf die Appalachen ergießen. Bei Hochwasser ist die normale Strömung 3,5 Knoten schnell, das entspricht etwa 6,5 Kilometer pro Stunde, doch kann sich die Fließgeschwindigkeit bei einer Verengung des Flußbetts verdoppeln.

Etwa im Mai erhält der untere Mississippi die größte Wassermenge von seinen Zuflüssen, im Oktober die geringste; entsprechend konzentrieren sich die schwersten Hochwasser auf das Frühjahr. Dann kann in Vicksburg die Wassermenge, die der Mississippi führt, bei über 60 000 Kubikmeter pro Sekunde liegen.

Die Eindämmung der Hochwasser

Seit 1811 gibt es Frachtschiffe auf dem Mississippi. Im Jahre 1824 nahm sich der amerikanische Kongreß das Problem der Sicherheit der Schiffahrt ernsthaft vor: Zunächst hatte die Schiffbarkeit den Vorrang. Baumstümpfe, Felsen und andere Hinder-

Die Überschwemmung von 1927 war verheerend. Sie forderte zahlreiche Opfer, und der Handel kam vollständig zum Erliegen.

Vorhergehende Doppelseite:
Der Zusammenfluß von Mississippi und Ohio bei Cairo gilt als Grenze zwischen dem Norden und Süden. Da sich an den Ufern des Ohio große Industrieansiedlungen befinden, ist dieser Zufluß stark verschmutzt, und das Wasser des Mississippi trübt sich noch stärker. Die Brücke verbindet die Staaten Illinois, Missouri und Kentucky.

Rechts:
Ein stromaufwärts fahrendes Schiff auf dem Oberlauf des Mississippi .

Unten:
Eine Staumauer am Winnibigoshish Lake in Minnesota.

Ganz unten:
Die Schleuse von Keokuk reguliert den Wasserstand oberhalb von Saint Louis.

nisse unter der Wasseroberfläche wurden beseitigt. Man erstellte die ersten exakten Karten, die schiffbare Rinnen, tote Arme, Kanäle und Durchfahrten zwischen Inseln und Sandbänken verzeichneten. Im Jahre 1878 nahm man sich das „Projekt einer Fahrrinne von viereinhalb Fuß" vor: Man baggerte eine Rinne von 1,40 Meter Tiefe aus. Eine weitere Vertiefung auf sechs Fuß (1,80 Meter) beschloß der Kongreß 1907, und eine weitere Verdoppelung der Tiefe wurde ab 1944 in Angriff genommen.

Parallel zur Vertiefung baute man Schleusen, welche die Unterschiede der Wassertiefe ausglichen, die zwischen zwei und sieben Metern lagen. Im Jahre 1939 bestand der Abschnitt zwischen Minneapolis und Saint Louis aus 26 Staustrecken, unterteilt von 27 Schleusen. Bei den ungestümeren Zuflüssen sollten über 50 Talsperren als Regulative dienen. Die beiden turbulentesten, der Tennessee und der Missouri, wurden in den dreißiger Jahren und 1945/46 begradigt. Der „New Deal", die neue Wirtschaftspolitik unter Präsident Roosevelt, ermöglichte durch staatliche Investitionen die Errichtung von 30 Talsperren, die noch heute den Lauf des Tennessee regulieren und zugleich die Erosion der Böden verhindern helfen.

Die große Mauer der Deiche

Deiche sollten das Land zusätzlich schützen. Die ersten, bescheidenen wurden ab 1717 um New Orleans herum errichtet, um es vor Überschwemmungen zu schützen; im Staat Louisiana heißen solche Deiche noch heute „levées", wie zur Franzosenzeit. Im Jahre 1879 wurde eine staatenübergreifende Behörde geschaffen, die Mississippi River Commission, die für Fragen des Deichbaus zuständig war, und zwar auf der ganzen Länge des Flusses. Heute sind die Deiche Teil eines komplizierten Rückhaltesystems. Sie können, wenn der Wassersdruck zu hoch wird, zu Überlaufbecken hin geöffnet werden. Diese Bassins dienen gleichzeitig als Reservoirs für die Bewässerung der Felder.

Vom Beginn des Unterlaufs bei Cairo bis zum Delta ist der „Vater des Wassers" von beiden Seiten eingedeicht, praktisch eingeschlossen, und manchmal sieht es so aus, als sei er in die Höhe gehoben worden. Die Deichmauern erstrecken sich zu einem Bauwerk von 3600 Kilometer Länge; sie sind bis zu 18 Meter

In La Crosse, Minnesota, wird der Mississippi über ein Stauwehr und eine Schleuse reguliert. Seit den dreißiger Jahren ist man dabei, den „launischen Alten" mit mehreren Dutzend Schleusen, zahlreichen Wehren und umfangreichen Ausbaggerungen zu zügeln.

hoch. Wenn die Hauptdeiche, die erste Verteidigungslinie, von Hochwasser bedroht sind, wird das überschüssige Wasser in Überlaufbecken abgegeben oder zu den Überschwemmungsebenen abgeleitet. Sogenannte Sicherungsdeiche wirken wie Ventile: Sie sollen bei einem bestimmten Wasserdruck nachgeben und auf diese Weise dem Wasser weitere Ausbreitungsgebiete zugänglich machen. Die Seen und die Bayous – die Sumpfgebiete des Deltas – sowie die Altarme des Mississippi werden dabei als Notspeicherbecken genutzt.

Wenn auf der Höhe von Natchez ein Alarmpegelstand erreicht ist, nehmen riesige Pumpwerke die Arbeit auf. Dann werden die Ableitungssysteme des Morganza Floodway und danach des Atchafalaya Floodway geöffnet. Diese Ableitungskanäle teilen das Wasser auf 120 Kilometer Länge in drei parallele Läufe auf, die unterhalb von Morgan City wieder zusammentreffen. Von hier sind es nur noch 20 Kilometer bis zum Golf von Mexiko. Der Schutzplan für New Orleans sieht auch eine Umleitung des Wassers in Richtung des Pontchartrain Lake vor.

Verlegung des Flußbetts

Einige Wracks von Mississippi-Dampfern liegen heute unterhalb des Niveaus der Felder in alten Flußbetten, die der Mississippi verlassen hat; denn oft schuf er sich neue. Die Unzuverlässigkeit seines Laufs verursachte einigen Ärger mit den Staatsgrenzen, die ursprünglich peinlich genau den Windungen folgend in Strommitte festgelegt waren. Die Veränderungen waren so groß, daß Altarme langsam abgeschnitten wurden und, zu Seen in Halbmondform geworden, heute einige hundert Meter vom eigentlichen Mississippi entfernt sind.

Unterhalb von Saint Louis ist das Gefälle des Flusses so gering, daß er sich in zahllosen Mäandern dahinwindet. Auch im Unterlauf, wo die Schlingen weiter werden, ist das Gefälle schwach. Der Höhenunterschied zwischen dem Itasca-See – der offiziellen Quelle – und der Mündung beträgt nur 545 Meter. Für einen so langen Fluß ist das sehr wenig.

Kanalisierte Strecken, die Biegungen und Umwege abschneiden, verkürzen den Weg für Schiffe, die auf dem unteren Teil des Stroms verkehren, erheblich. Pro Tag sparen sie zwischen 10

Über die Krone des Stauwehrs von Alma, Minnesota, führen Eisenbahngleise.

Gegenüber:
Gleich bei seinem Eintritt in das Deltagebiet teilt sich der Mississippi in drei Arme.

Rechts:
Der Yazoo River mündet auf der Höhe von Vicksburg in den Mississippi.

Unten:
Die Tier- und Pflanzenwelt lebt angepaßt an die Wasserstände. Hunderte von Fischarten finden zwischen den Baumwurzeln Zuflucht.

Ganz unten:
Venice ist der letzte Flußhafen vor dem Meer.

und 40 Kilometer ein. Vor allem in den dreißiger Jahren und Anfang der vierziger verkürzten Ingenieure der US-Armee die Flußstrecke durch Abschneiden von Mäandern um 255 Kilometer.

Die wandernden Staatsgrenzen

Die Unklarheit der Grenzen brachte immer wieder Probleme zwischen den Bundesstaaten. Zum Beispiel dieses: Sklaven, die in einem Bundesstaat mit Sklavenhaltung wie Missouri lebten, gehörten wegen einer Veränderung des Flußlaufs plötzlich nach Illinois, wo die Sklaverei abgeschafft war. Also waren sie frei. Aber da der Fluß auch einen Teil von Illinois an Missouri verschenkte, befanden sich freie Schwarze auf einmal in der Situation von Sklaven, ohne sich von der Stelle gerührt zu haben. Das Beispiel allerdings blieb glücklicherweise Theorie.

Schließlich setzten die Behörden die Grenzen endgültig auf der Landkarte fest, unabhängig vom Flußlauf. Der Mississippi konnte sich nun soviel winden, wie er wollte – die Grenzen blieben gleich. Doch auch diese Lösung half jenen nicht, die plötzlich vom Rest Ihres Heimatstaates getrennt waren, nämlich durch einen neuen Flußarm, über den keine Brücke führte.

Ein Problem: Die Länge des Flusses

Ingenieure und Hydrographen können sich über die Länge des Mississippi nicht einigen. Viele Atlanten und Enzyklopädien schreiben ihm 6760 bzw. 6800 Kilometer zu und machen ihn damit zum längsten Fließgewässer der Welt. Die Mississippi River Commission hat diese Zahlen korrigiert und die Länge mit 6414 Kilometer angegeben, von dem entferntesten Ursprung des Missouri bis zum vordersten Küstenabschnitt des Deltas. Wenn man den Missouri nicht mitbetrachtet, bleiben trotzdem Unklarheiten, weil auch die Länge des Unterlaufs nicht festliegt.

Die genaue Länge des Mississippi verändert sich in der Tat unablässig: Schleifen werden durchbrochen, es entstehen Abkürzungen, während woanders neue Mäander die Länge vergrößern können und jede endgültige Messung der Länge seines Betts illusorisch machen.

Das Problem der Längenbestimmung des Mississippi hat historische Ursachen und hängt mit seiner Entdeckung zusammen.

Das Deltagebiet des Mississippi ist eines der interessantesten der Welt. Der südliche Teil sind Sumpfgebiete mit unzähligen Flußarmen, Bayous genannt. Einige dieser Flußarme münden wieder in den Mississippi, andere fließen direkt in den Golf von Mexiko.

Nach ungefähr 6000 Kilometern – wenn man den Missouri mitberücksichtigt – verzweigt sich der Mississippi in ein komplexes Netz von Nebenarmen und Kanälen, über das er sich langsam dem Golf von Mexiko nähert.

Die ersten Erkundungen des Stroms wurden von den Spaniern unternommen, die bei der Mündung begannen, und dann vor allem von den Franzosen, die von Norden den Fluß hinabkamen.

Als im Norden ein Fluß entdeckt wurde, hielt man ihn für den Oberlauf des Mississippi und benannte ihn auch so, nach dem einzigen großen Flußlauf, der damals in jenem Teil des amerikanischen Kontinents bekannt war. Der Missouri wurde erst wesentlich später entdeckt, nämlich im Juni 1673 von Louis Jolliet und Pater Marquette. Man betrachtete ihn als einen der Nebenflüsse des Mississippi. In Wirklichkeit ist der Missouri der größere Fluß dieses Systems. Der Missouri führt mehr Wasser als der Oberlauf des Mississippi und ist deutlich länger.

Ist der Missouri eigentlich der Mississippi?

Später stellten die Geographen fest, daß der Fluß, der dem Mississippi die größte Wassermenge zuführte, der Missouri war. Er hätte Mississippi genannt werden müssen! Von da an berücksichtigten die Messungen der Flußlänge nicht mehr, daß der Mississippi nur bis zum Itasca-See, seiner offiziellen Quelle, reicht. Die Geometer folgen am Zusammenfluß der beiden Ströme lieber dem Missouri bis zu dessen Quelle, die sich an der westlichen Grenze des Bundesstaats Montana befindet. Sie ziehen die geographische Realität der historisch überlieferten Bezeichnung vor. Die wirkliche Quelle des Mississippi liegt also an der Stelle, wo die drei Flüsse Madison, Jefferson und Gallatin sich vereinigen und den Missouri bilden, der sein Wasser aus der Schneeschmelze der Rocky Mountains erhält.

Ein Delta, das ins Meer hinauswächst

Vor einigen hunderttausend Jahren ergoß sich der Mississippi auf der Höhe der heutigen Stadt Cairo ins Meer. Die Schwebstoffe – auf der ganzen Länge des Flusses mitgerissene Tone und Lehme – haben sich nach und nach abgelagert und eine 130 Kilometer breite und heute mehr als 1500 Kilometer lange Ebene geschaffen, mit der sich die vordere Linie des Deltas allmählich immer weiter ins Meer vorschob.

Hinter Baton Rouge wird der Strom tiefer (13 bis 33 Meter) und verliert sich in den angrenzenden Bayous, die er selbst in

Das Mississippi-Delta verlagert sich langsam nach Osten, hauptsächlich aufgrund des Golfstroms, der im Golf von Mexiko nach und nach alles, was er mit sich führt, am Delta ablagert.

früheren Zeiten angeschwemmt hat. Schließlich bahnen sich seine Wasser in mehreren Armen einen Weg zum Meer.

Das Delta ist von einem Gewirr von Flußarmen, Seen und Kanälen durchzogen; Sümpfe machen es undurchdringlich. Das Labyrinth ist von einer dichten Vegetation überwuchert, von Zypressensümpfen mit Sumpfzypressen und Sumpfeiben; es hat Freibeutern und Piraten immer ideale Verstecke geboten.

Im Laufe der Jahrtausende verlagerte sich das Delta allmählich; heute hat es einen Knick nach Osten, was auf die Wirkung des Golfstroms zurückzuführen ist. Untersuchungen haben ergeben, daß die zahlreichen Ausbuchtungen an der Flußmündung sich über einen Zeitraum von 9000 Jahren auf einer gebogenen Front von 80 Kilometern siebenmal verlagert haben.

Die Scheidelinie zwischen Meer- und Flußwasser hat sich in der Vergangenheit um 9,5 Kilometer pro Jahrhundert vorgeschoben. Da die Gezeiten den Süßwassermassen des Mississippi wenig entgegensetzen konnten – der Tidenhub beträgt hier nicht mehr als 45 Zentimeter – wurde das südwestliche Ende des letzten Armes, der die meisten Ablagerungen ins Delta transportiert, bisher im Jahr fast 100 Meter länger.

Die Unwetter im Deltagebiet können sehr heftig sein. Dabei entstehen nicht selten neue Flußschleifen. Auch das Wetter beeinflußt also den Verlauf des Flusses und unterstützt den „launischen Alten" in seiner Unruhe.

Die Sümpfe versalzen

Das ändert sich nun. Denn das Eingreifen des Menschen wirkt dem Anwachsen des Deltas entgegen, ja kann sogar zu seinem Verschwinden beitragen. Das vollständige Eindeichen und das Anlegen eines dichten Netzes von Entwässerungskanälen haben nämlich zur Folge, daß die Schwebstoffe nun direkt ins Meer hinausgespült werden. Sie können sich nicht mehr unterwegs in der Ebene des Deltas ablagern. Aus dem Delta, das die Sedimentfracht eines Flußsystems sammelt, das ein Drittel der Gesamtfläche der USA entwässert, schwemmt der Fluß etwa 495 Millionen Tonnen Schwebstoffe pro Jahr in den Ozean. So wird das Delta langsam ausgespült, das Meerwasser dringt vor. Die Folge ist, daß die Sümpfe versalzen.

Eine weitere Gefahr für das Delta geht von dem Anstieg der Weltmeere aus, der allenthalben beobachtet wird. Wenn ihm nicht Einhalt geboten wird, werden alle knapp über Meeresniveau liegenden Landgebiete in Zukunft davon betroffen sein.

Tierwelt des Mississippi

An den Ufern des Mississippi leben unzählige verschiedene Tierarten. Einige davon beeindruckten die europäischen Eroberer Amerikas sehr. Biber und Amerikanische Flußkrebse beispielsweise haben von Anfang an zum Mythos des unbekannten Neulandes gehört. Der Fluß bietet einen repräsentativen Querschnitt durch die außergewöhnliche Vielfalt der nordamerikanischen Tierwelt, seien es Vögel, Insekten, Fische, Säugetiere, Amphibien oder Reptilien. Der Mississippi gewährt ihnen allen einen angemessenen Existenzraum, denn in seinem Gesamtverlauf trifft man auf die unterschiedlichsten Umweltbedingungen und Klimazonen. Allerdings: Wie bei den meisten Flüssen wird auch die Wasserkraft des Mississippi wirtschaftlich genutzt. Das hat oftmals katastrophale Folgen für die Tiere, deren Nahrungsquellen und Lebensraum sich verändern – und manchmal ganz verschwinden.

Der Weißwedelhirsch

Fell und Geweih des Weißwedelhirsches oder Virginiahirsches *(Odocoileus virginianus)* waren lange Zeit beliebte Jagdtrophäen. Er ist Nordamerikas bekannteste Wildart und beinahe auf dem gesamten Kontinent zu finden – im Dickicht und Unterholz des Südens (einschließlich Mississippi-Delta und Atchafalaya-Ebene) genauso wie in den Kiefernwäldern des Nordens, wo man derzeit eine starke Vermehrung des Weißwedelhirsches beobachtet.

Das Tier wiegt durchschnittlich 70 Kilogramm und wird bei Treibjagden als Beute geschätzt; bei günstigen Umweltbedingungen kann der Weißwedelhirsch auch doppelt so schwer werden. Wenn der Winter naht, schließen sich die männlichen Weißwedelhirsche zu Rudeln zusammen. Die Führung über die ebenfalls in Rudeln organisierten weiblichen Tiere übernimmt das stärkste weibliche Tier – in der Brunftzeit allerdings führt ein Männchen.

Das weißgefleckte Fell der jungen Hirschkälber ist ein ausgezeichnetes Tarnmuster im lichtdurchfluteten Unterholz der amerikanischen Wälder. Jäger haben beobachtet, daß die Hirsche bei Gefahr ihren Schwanz aufrichten, um ihre Artgenossen zu warnen: Die helle Unterseite signalisiert Alarm.

Der Schwarzbär – auch Baribal genannt – ist ein ausgezeichneter Fischer und ein keineswegs ein seltener Anblick an den Ufern des Mississippi.

Genügsamer Allesfresser: der Schwarzbär

Ursus americanus, auch Baribal genannt, kommt nur auf dem amerikanischen Kontinent vor. Sein Verbreitungsgebiet erstreckt sich im Norden der Vereinigten Staaten von Alaska und den Rocky Mountains bis zum Atlantik, im Süden vom Pazifik bis zum Atlantik. Man findet Schwarzbären sowohl in den Laub- und Nadelwäldern nördlich des Mississippi als auch tief im Süden in den feuchten Waldgebieten der Atchafalaya-Ebene. *Ursus americanus* ist außergewöhnlich anpassungsfähig, und er scheut die Nähe des Menschen in keiner Weise. Die rauhen Burschen, die mit Colt und Planwagen gen Westen zogen, machten sich einen – nicht ungefährlichen – Spaß daraus, gefangene Schwarzbären zu dressieren.

Häufiger Gast am Flußufer

Heute ist der Schwarzbär scheuer geworden. Trotzdem sieht man ihn immer noch häufig, besonders an den Flußufern, denn Fische frißt er am liebsten. Im übrigen ernährt er sich weitgehend von Früchten, Körnern, Eicheln, Honig, Insekten und kleinen Nagetieren. Bei ganz großem Hunger kann er auch einmal einen Weißwedelhirsch oder das Vieh auf der Weide angreifen.

Der Schwarzbär ist deutlich kleiner als sein Vetter, der Amerikanische Braunbär. Im Sommer wiegt das Männchen zwischen 110 und 150 Kilogramm, im Winter bis zu 180 Kilogramm. In den Wäldern nahe der kanadischen Grenze gibt es aber auch extrem große Schwarzbären, die bis zu 270 Kilogramm wiegen und manche der in der gleichen Region lebenden Amerikanischen Braunbären an Größe übertreffen.

Das eindrucksvolle Foto stammt aus dem Jahre 1905 und wurde nordwestlich von Blackduck in der Nähe von Bemidji in Minnesota aufgenommen. Es zeigt, was von einer Jagd mitgebracht wurde, und gibt eine gute Vorstellung vom reichen Wildbestand in den Wäldern am oberen Mississippi.

Der Kojote sieht dem Wolf ähnlich, ist aber kleiner und scheuer.

Bei Farmern unbeliebt: der Kojote

Der Kojote *(Canis latrans)* ist in der Neuen Welt weit verbreitet: Er kommt von Alaska bis Costa Rica vor. In den Südstaaten ist er nach und nach an die Stelle des im letzten Jahrhundert von den Siedlern ausgerotteten Wolfes getreten. Das klagende Heulen bei Einbruch der Dunkelheit verheißt nichts Gutes und erinnert stark an den Wolf. Der Kojote ist jedoch kleiner, und im Gegensatz zum Wolf zieht er beim Laufen den Schwanz ein.

Auch in den sumpfigen Küstenregionen von Louisiana gibt es Kojoten. Obwohl sie eine Vorliebe für Wälder in Höhenlagen besitzen, halten sich Kojoten auch gern in der Prärie und im offenen Flachland des Mississippi auf.

Begehrtes Kojotenfell

Kojoten ernähren sich zwar in erster Linie von Kaninchen, Nagetieren und Vögeln, aber wenn sie im Rudel jagen, haben sie keine Hemmungen, in Geflügelfarmen einzudringen. Dann fällt ihnen Geflügel und anderes Kleinvieh in großer Zahl zum Opfer. Deshalb werden Kojoten viel gejagt. Man stellt ihnen aber auch wegen ihres schönen, dicken Fells nach.

Reglose Alligatoren zeichnen sich kaum von ihrer Umgebung ab.

Der Alligator vom Mississippi

Alligator mississippiensis, der Mississippi-Alligator, liebt die feuchten Subtropen. Er lebt hauptsächlich in den Sumpfgebieten von Louisiana, wo es noch 300 000 Exemplare seiner Art geben soll. Aber auch in Florida und in Georgia ist er zu Hause.

Der Mississippi-Alligator ist eher scheu und für den Menschen deshalb nicht sehr gefährlich. Die Alligatoren liegen gut getarnt auf den Sandbänken der Bayous, wo sie stundenlang in der Sonne dösen. Wegen ihrer schönen Haut sind Alligatoren eine begehrte Beute – dermaßen begehrt, daß sie 1960 unter Naturschutz gestellt werden mußten. Seitdem versucht man, die Bestände in den Sumpfgebieten des südlichen Mississippi durch Zucht allmählich wieder zu vergrößern.

Krebse und Fische bilden die Nahrungsgrundlage der Alligatoren; auch kleine Wirbeltiere wie etwa Bisamratten oder Kaninchen fressen sie gern.

Der Rotluchs ist in den Vereinigten Staaten die häufigste und am meisten verbreitete Wildkatze. Der elegante Räuber dringt bei großem Hunger auch in Geflügelfarmen ein.

Der Einzelgänger vom Mississippi

Der in den Vereinigten Staaten weit verbreitete Rotluchs *(Lynx rufus)* ist dort auch allgemein unter dem schlichten Namen „Wildkatze" bekannt. Im Norden wie im Süden sind dichte Wälder sein Zuhause. Sie bieten ihm Schutz vor seinem Hauptfeind, dem Menschen.

Seit etwa zehn Jahren wird das als besonders wild geltende Tier verstärkt gejagt, denn der Preis für das Fell des Rotluchses steigt stetig. Seine Art ist durch die intensive Jagd bedroht, doch der Gesetzgeber kann sich schwer zu einer Entscheidung durchringen – denn es ist viel Geld im Spiel.

Der Rotluchs ernährt sich hauptsächlich von Kaninchen, Eichhörnchen, Vögeln und Aas; er ist durch und durch ein Fleischfresser, der, wenn er seinen Hunger auf keine andere Art stillen kann, auch in Hühnerfarmen eindringt und sich dort etwas holt.

Vorratshaltung

Er tötet aber keineswegs zum Vergnügen. Vielmehr versteckt der Rotluchs seine Beute unter Blattwerk und ernährt sich davon mehrere Tage lang.

Rotluchse sind eingefleischte Einzelgänger, die nur zur Paarungszeit vorübergehend ihre Einsamkeit aufgeben. Wenn sie für Nachkommen gesorgt haben, leben sie wieder allein.

Unglaublich, wie hoch die Regenbogenforelle aus dem Wasser springt!

Ein majestätischer Wappenvogel

Zu den wichtigsten Arten der am Mississippi lebenden Vögel zählen Stelzvögel, Wildgänse, Spechte und Schnepfen. Vor allem im Norden sind auch einige Greifvogelarten zu Hause, im Süden dagegen typische Meeresvögel wie Möwen oder Kormorane.

Das Verbreitungsgebiet des Kanadareihers *(Ardea herodias)* beispielsweise reicht von Kanada bis Mexiko. Er lauert den Fischen an stehenden, auch tiefen Gewässern auf. Häufig sieht man ihn in den Sumpfgebieten des südlichen Louisiana oder in Florida, wo er die milden Winter schätzt. Der mit ihm verwandte Silberreiher verbringt seine Zeit ebenfalls abwechselnd in den Sumpfgebieten des Südens und an den Großen Seen des Nordens.

Der Weißkopfseeadler *(Haliaeetus leucocephalus)* ist das Wappentier der USA und gilt als unübertroffener Fischer. Seine Heimat sind die Nadelwälder des Nordens; in den hohen Kiefern nistet er das ganze Jahr. Dieser Adler zählt zu den am strengsten geschützten Tierarten überhaupt. Um ihn vor der Ausrottung zu bewahren, werden erhebliche Anstrengungen unternommen.

Im Winter ernährt sich der Amerikanische Biber vor allem von der Rinde der Laubbäume. Im Sommer hingegen fressen die Biber das grüne Laub.

Ein Silberreiher in den Sümpfen von Louisiana, wo er den Sommer verbringt.

Nützlicher Saubermann

Der Amerikanische Biber *(Castor canadensis)* ist das größten Nagetier der nördlichen Hemisphäre. Er ernährt sich von Baumrinde, im Sommer auch von Blattpflanzen. Biber leben zu zweit, in Familienverbänden, manchmal auch in Kolonien und behalten ihre Jungen fast zwei Jahre lang bei sich.

Für die Farmer ist der Biber nichts anderes als ein Ernteplünderer. Jedoch ist sein nützlicher Einfluß auf die Umwelt nicht zu bestreiten. Der Biber spielt nämlich in vielen entlegenen Waldgebieten der Vereinigten Staaten die Rolle eines „Saubermanns", indem er abgestorbene Bäume im dichtesten Wald „fällt" und für seine Bauten verwendet.

Paradies für Angler

Der Mississippi ist ein Paradies für Freunde der typisch amerikanischen Fische; ursprünglich europäische Fischarten fehlen. Zu erwähnen sind der Schwarzbarsch *(Micropterus dolomieui)*, der dem europäischen Hecht ähnliche Muskelunge, zwei verschiedene Sonnenbarsch-Arten (engl. *perch*), der Blaue Katzenwels (engl. *catfish*), die Sonnenfische (engl. *bream*) und die Forellen.

Angelfisch Schwarzbarsch

In den Bayous ist der Schwarzbarsch der am häufigsten gefangene Fisch; er liebt kleine Flußarme, Weiher und Seen und ernährt sich mit Vorliebe von den im sumpfigen Küstengebiet vorkommenden kleinen Krebsen. Unter Wasserpflanzen versteckt, lauert der bei Anglern sehr geschätzte Raubfisch auf seine Beute. Auch der bis zu 40 Kilogramm schwere Muskelunge, ebenfalls ein Raubfisch, ist eine beliebte Angeltrophäe am Mississippi. So mancher Angler brüstet sich damit, Riesenexemplare gefangen zu haben. Oft wird der Muskelunge mit dem Rotflossenhecht verwechselt, der dem europäischen Hecht ähnelt.

Überall Raubfische

Der Weiße Crappie und der Sonnenbarsch, zwei weitere Raubfische des Mississippi, zählen im Gegensatz zum europäischen Flußbarsch nicht zur Familie der Percidae, sondern zu den Centrarchidae. Ihr entscheidendes Merkmal: nur eine Rückenflosse und drei Afterflossen. Diese Fische brauchen warmes Wasser, tauchen in der Regel nur in Schwärmen auf und jagen kleine Fische, Würmer und Insekten. Ihren Lebensraum teilen sie sich offenbar mit dem Schwarzbarsch.

Der Katzenwels – so genannt wegen seiner Bartfäden – wird am südlichen Mississippi intensiv gezüchtet. Im Golf von Mexiko gibt es Meeresforellen, Plattfische (engl. *flatfishes*), zwei Makrelenarten und Hunderte von Tropenfischarten, nicht zuletzt den Barracuda. Doch die Meeresfische dringen kaum in das Brackwasser der Mississippi-Mündung vor.

Rechts:
Im 19. Jahrhundert nutzte man den Mississippi für den Transport der Holzstämme. Das zu Flößen zusammengebundene Holz war nur schlecht zu steuern. Deshalb mußten die Steuerleute auf den Dampfschiffen ständig auf der Hut sein.

Unten:
Die Flatboats (Flachkähne) wurden mit langen Rudern voranbewegt.

Ganz unten:
Im Winter saßen viele Dampfer im Eis fest oder wurden sogar von ihm zerdrückt.

SCENE ON THE MISSISSIPPI, AT MEMPHIS, TENNESSEE.

So weit die Fluten tragen

Im Jahre 1811 bot sich von den Ufern des Mississippi aus ein neuartiges Schauspiel: Das Völkchen am Fluß – Flußschiffer, Flößer und Plantagenarbeiter – sahen vor ihren erstaunten Augen ein schwimmendes Fahrzeug, das Rauchwolken spuckte. Es wurde gemunkelt, eine Dampfmaschine bewege das große Schaufelrad, das man von außen sah. Das Schiff war die *New Orleans*, der erste Mississippi-Dampfer, der gerade in Pittsburgh vom Stapel gelaufen war. Bald sollte der Fluß zu einer großen Wasserstraße werden, einem überaus wichtigen Transportweg, der die Wirtschaft beflügeln würde.

Die Ära der Kähne

Schon seit dem 19. Jahrhundert fuhren Flöße, mit Weizenmehl beladen, von den Großen Ebenen bis zum Golf von Mexiko hinunter. Die Holzflößer konnten während der *rafting season* (Jahreszeit zum Flößen), wenn der Oberlauf des Flusses eisfrei war, die Strömung ausnutzen, um ihre Baumstämme an die Sägewerke zu liefern. Sie banden sie, nach Herkunftsgebiet und Größe geordnet, zu Flößen zusammen.

Die einzigen Schiffe, die auf dem Mississippi verkehrten, waren Kähne mit flachem Boden, die „Flatboats". In der Mitte dieses kaum manövrierbaren Wasserfahrzeugs stand als dürftiger Schutz gegen Wind und Regen eine einfache Hütte. Die Richtung der Flachkähne wurde mit langen Rudern bestimmt; im übrigen ließen sie sich nur von der Strömung treiben und wurden damit zu einer Gefahr für die flußauf fahrenden Schiffe. Sie nahmen ihre Lasten im oberen Mississippi-Becken auf. Die Waren wurden nach New Orleans geliefert, wo die Boote dann auseinandergenommen und als einfaches Holz verkauft wurden. Das Holz der Amerikanischen Rotkiefer (Redpine) aus den Wäldern des Nordens, das gegen Termiten und Witterungseinflüsse sehr widerstandsfähig ist, wurde als Bau- und Dielenholz verwendet.

Harte Süßwassermatrosen

Diese Flußschiffer waren kernige Gesellen. Mark Twain beschreibt sie in *Das Leben auf dem Mississippi* in grellen Farben: „...ganze Horden von rauhen, verwegenen Männern; ...ungehobelten, ungebildeten, herzhaften Burschen, welche die furchtbar-

Im Jahre 1811 fuhr der erste Dampfer auf dem Mississippi. Wenige Jahre später war der Fluß zum Haupttransportweg für den Warenverkehr geworden. Das Foto aus dem frühen 20. Jahrhundert zeigt die Verladung von Baumwollballen. Damals florierte der Baumwollhandel noch.

sten Strapazen mit seemännischem Gleichmut ertrugen, die soffen wie die Löcher und ihre unfeinen Späße trieben, schreckliche Angeber waren und doch im großen und ganzen ehrliche Burschen, auf die man sich verlassen konnte, die ihre Pflicht erfüllten und nicht selten ein Beispiel von Großmut waren."

Die Dampfschiffe verdrängten nach und nach die Flachkähne. Der Verkehr flußauf wurde von Anfang an von den neuen Schiffen übernommen. Knapp zwanzig Jahre lang konnten sich die Flachkähne noch halten, indem sie nur flußabwärts eingesetzt wurden. Nach der Ankunft kauften sich die Mannschaften jetzt einfach eine Fahrkarte und fuhren mit dem Dampfer nach Memphis oder – über den Ohio – nach Pittsburgh zurück.

Die ersten Dampfschiffe

Robert Fulton entwickelte mit der *Clermont* das erste dampfgetriebene Transportschiff. Im Jahre 1807 fuhr es mit einer Geschwindigkeit von 6 Kilometern pro Stunde auf dem Hudson von New York nach Albany. Vor den Augen der besorgten Zuschauer pflügten seine Schaufelräder das Wasser des Flusses. Die Passagiere, die sich auf dieses Abenteuer eingelassen hatten, befürchteten eine Explosion des Dampfkessels. Vorsichtshalber saßen sie ziemlich weit entfernt von der Maschine in einem von dem Dampfer gezogenen Boot. Die *Clermont* wurde das erste Linienschiff, das regelmäßig Passagiere und Fracht beförderte.

Später, im Jahre 1810, ließ Fulton ein Dampfschiff mit dem Namen *New Orleans* bauen, das ebenfalls mit der von James Watt konstruierten Dampfmaschine ausgestattet war. Als das Schiff seine Jungfernfahrt machen sollte, erschütterte ein gewaltiges Erdbeben New Madrid im Staate Missouri. Die Störung soll so tiefgreifend gewesen sein, daß der Mississippi drei Tage lang in die falsche Richtung floß. Zumindest hatte das Hochwasser das Flußbett wieder einmal verlegt. Danach konnte die *New Orleans* ihre erste Fahrt endlich durchführen.

Der preiswertere Transportweg

In wenigen Jahren revolutionierte die Dampfkraft den Personen- und Warenverkehr auf dem Mississippi. Mit dem Wettbewerb der Frachttarife wurde es billiger, Güter auf dem Flußweg zu

Unten:
Der prächtige Speisesaal eines Steamboats um 1900.

Ganz unten:
Ein Mississippi-Dampfer für den Warentransport.

Die *Delta Queen* ist einer der drei letzten Schaufelraddampfer, die noch den Mississippi befahren. Das Schiff wurde in den dreißiger Jahren gebaut und wird heute für Luxusfahrten auf dem Mississippi genutzt.

Die *American Queen* ist das jüngste der Mississippi-Steamboats. Sie bietet den Passagieren zahlreiche Unterhaltungsmöglichkeiten – ganz in der Tradition seiner berühmten Vorgänger.

transportieren und von New Orleans auf dem Seeweg zur Ostküste, als sie auf dem Landweg über die Appalachen zu schaffen, obwohl dies kürzer war. Im Jahre 1814 zählte man an den Kais von New Orleans 21 Dampfer. Fünf Jahre später waren es schon 191. Und Saint Paul, wo der schiffbare Stromabschnitt begann, wurde 1857 von nicht weniger als 1100 Dampfern angelaufen.

Luxuriös auf dem Fluß reisen

Der feinen Gesellschaft gefielen die neuen Schiffe zunächst nicht, doch bald ließ auch sie sich von den Vorzügen der Flußfahrt überzeugen. Elegante Salons wurden eingerichtet, um die zahlungskräftige Kundschaft zufriedenzustellen. Mit Blattgold belegte Schnitzereien, Täfelungen aus Rosenholz, weiche Sofas, komfortable Raucherzimmer, aufwendige Tapisserien und Spiegel, reich ausgestattete Abteile: Jedes neue Schiff sollte die Konkurrenz übertreffen. Das Unterdeck, das Sturmdeck und das Texas-Deck mit den Kabinen der Offiziere waren mit verzierten Geländern und eleganten Möbeln ausgestattet. Die Kapitänsbrücke, eine Glaskabine, befand sich über dem Texas-Deck.

Die Showboats nahmen Zirkustruppen und Komödianten mit, die auf der Uferböschung ihre Kunststücke zeigten. Auf den Schiffen wurden auch häufig Bälle gegeben: In großer Abendgarderobe tanzte man nach den Melodien, die gerade Mode waren. Trapper und Pflanzer verkehrten mit Waffenhändlern und Bodenspekulanten. Auch Hochstapler und Gigolos benutzten die Dampfer in der Hoffnung, ausgehalten zu werden. Pokerspieler und Prostituierte mischten sich unter das bunte Durcheinander der Passagiere. Angesichts des skandalösen Treibens versuchten einige Mormonenprediger, die außer Rand und Band geratene Gesellschaft wieder zur Vernunft zu bringen.

Der Siegeszug der Dampfkraft

Die Einführung stärkerer Maschinen und die Entwicklung besser geformter Schiffsrümpfe sicherten den Dampfern endgültig die Vormachtstellung. Für die eine Hälfte des Landes wurde der Mississippi zur wichtigsten Verkehrsader. Im Jahre 1820 fuhr der *Western Engineer* den Missouri hinauf, drei Jahre später erreichte die *Virginia* als erster Dampfer Fort Snelling am Zusammen-

Die *Mississippi Queen* mit ihrem dekorativen Geländer erinnert an die schwimmenden Paläste, die im 19. Jahrhundert den Fluß befuhren. Künstler gaben ihre Darbietungen, und die Passagiere waren buntgemischt: reiche Plantagenbesitzer, Kaufleute, Freudenmädchen und professionelle Pokerspieler. Die heutige Kundschaft besteht aus amerikanischen Touristen, meistens bereits im Rentenalter.

fluß von Minnesota und Mississippi. Wenn der Lotse sich über die Wassertiefe nicht ganz im klaren war, betätigte er die Schiffsglocke: Dann wurde das Senkblei ausgeworfen, und der Mann am Lot brüllte ihm das Ergebnis zu. Ein Problem dabei waren die Indianer, die vom Ufer aus schossen – Pawnee und Sioux waren erbost über das Eindringen der Dampfboote in ihr Gebiet. Daher mußten die Reedereien das Lotsenhaus kugelsicher machen.

Entlang der belebten Verkehrsader entstanden zahlreiche Städte, in denen sich Händler darauf spezialisierten, die Schiffe mit Proviant, Feuerholz und anderer Ausrüstung zu beliefern. Auch für die Plantagen eröffneten sich jetzt bessere Möglichkeiten, ihre Ernten zu vermarkten, und bald türmten sich die Baumwollballen auf den Kais von New Orleans.

Schiffbruch in Strommitte

Die Fahrt auf dem Mississippi war nicht ungefährlich: Zwischen der Inbetriebnahme des ersten Dampfschiffs und dem Jahr 1849 wurden 580 Schiffbrüche gezählt. Viele Passagierschiffe sanken nach einer Kollision, Feuersbrunst, Explosion des Dampfkessels oder dem Zerbersten des Bugs an einem Felsen. Auch das Auflaufen auf eine Sandbank war zumeist fatal; Baumstümpfe und vom Hochwasser angetriebene Baumstämme stellten ebenfalls gefährliche Hindernisse dar. Die Dampfer waren ausschließlich aus Holz gebaut; das machte sie äußerst anfällig.

Oft betrug die Lebenserwartung der Schiffe nicht einmal fünf Jahre. Wie Mark Twain erzählt, war es für einen Kapitän ein schlechtes Omen, wenn ein Prediger und eine graue Stute zugleich an Bord gingen, denn das war Vorzeichen einer Katastrophe. „Es gibt viele Leute, die sagen, das ist Aberglauben. Aber dann wird sich immer herausstellen, daß sie nie mit einem Prediger und einer grauen Stute zusammen gereist sind“, merkte der als Lotse erfahrene Schriftsteller an.

Der unselige Schatz der *Drennan White*

Manches Wrack scheint jenen Unglück zu bringen, die seine Ruhe stören. So war es mit der *Drennan White*, einem Schiff, das mit Mann und Maus und einem Schatz von fast 100 000 Dollar nördlich von Natchez untergegangen war. Drei Schiffe versuch-

Ganz oben:
Der Hafen von New Orleans ist einer der größten der USA.

Oben:
Alle Mann an Bord! Eine Fahrt auf dem Mississippi ist immer noch ein Erlebnis.

Vorhergehende Doppelseite:
Die unzähligen Schleifen des Mississippi-Oberlaufs sind nicht einfach zu befahren und fordern die volle Aufmerksamkeit des Steuermanns.

Rechts und unten:
Am 30. Juni 1870 startete in New Orleans die berühmte Wettfahrt zwischen der *Robert E. Lee* und der *Natchez*. Über zehntausend Schaulustige verfolgten das Spektakel. Die beiden Schiffe lieferten sich einen gnadenlosen Kampf. Siegerin wurde die *Robert E. Lee*, die in 3 Tagen, 18 Stunden und 14 Minuten Saint Louis erreichte.

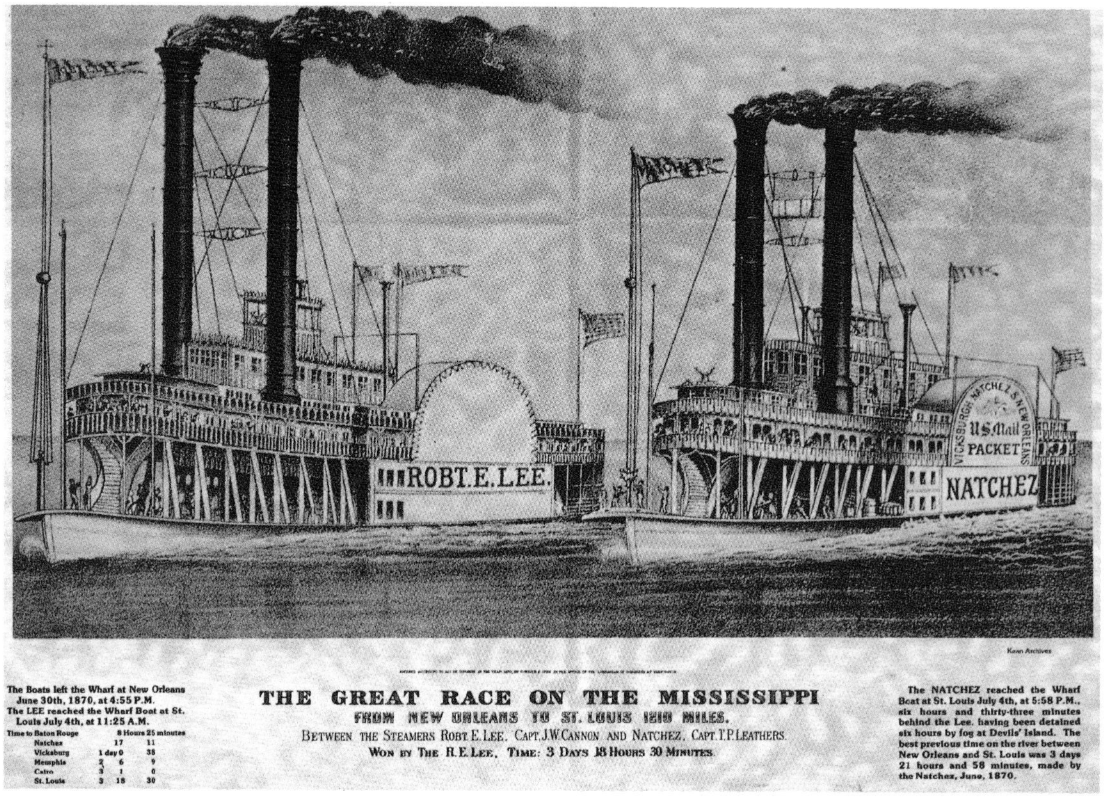

ten nacheinander, den Schatz zu bergen. Alle drei sanken während dieses Versuchs und gelangten so erst am Grund des Flusses zum Objekt der Begierde. Sehr bald ging das Gerücht: Wer den Schatz bergen wolle, riskiere sein Leben.

Eines Tages im Jahre 1891, als ein Bauer sein Feld am Flußufer pflügte, stieß sein Pflug auf einen Gegenstand, den er als Masttopp der *Drennan White* identifizierte. Er behielt das Geheimnis drei Jahre lang für sich und grub allein weiter, bis er eines Abends den Safe fand. Als die Dunkelheit hereinbrach, mußte er nach Hause gehen, doch dabei – war es Zufall oder Fluch? – brach er sich ein Bein. Nach einer Woche im Krankenhaus kam er humpelnd zu der Stelle, an der er gegraben hatte, zurück. Aber der Fluß, der inzwischen Hochwasser führte, hatte den Rest des Schiffsrumpfes fortgerissen und mit ihm den Safe. So hat die *Drennan White* die unseligen Dollars behalten.

Wettrennen auf dem Fluß

Nach dem amerikanischen Bürgerkrieg setzte der Flußverkehr verstärkt wieder ein. Noch schnellere und luxuriösere Mississippi-Dampfer wurden gebaut. Schiffsrennen kamen in Mode. Die Schiffahrtsgesellschaften machten sich Titel und Rekorde streitig, denn jedes gewonnene Rennen bedeutete auch einen beachtlichen wirtschaftlichen Erfolg.

Das berühmteste Rennen, der „Wettlauf der Giganten", war für die Wettfreunde ein Großereignis: Die *Robert E. Lee* unter dem Kommando von John W. Cannon trat auf der Strecke zwischen New Orleans und Saint Louis, also auf 1000 Kilometern, gegen die *Natchez* unter Kapitän Thomas Leathers an. Vier Tage lang schufteten die Heizer, um Tonnen von Holz in die Dampfkessel zu schieben. Die *Robert E. Lee* führte auf der ganzen Strecke und schlug die Rivalin souverän. Das Erfolgsgeheimnis: Der Dampfer war so windschlüpfrig wie möglich gemacht worden, indem alle Aufbauten, die Luftwiderstand boten, abmontiert worden waren; obendrein machte man sie leichter: man ließ die Zusatztanks ab, wenn der Dampfer in voller Fahrt war.

Die Zuschauer am Fluß schätzten die Spannung und Aufregung in den Bars anläßlich solcher Wettrennen. Ein Geschwindigkeitsrekord jagte den nächsten. Die Daten der Rennen wurden

Mit der Eisenbahn, die wesentlich schneller war als die Dampfschiffe, taten sich neue Transportmöglichkeiten auf. Nun war der Mississippi nicht mehr die wichtigste Verkehrsader. Man begann mit der wirtschaftlichen Erschließung des amerikanischen Westens – die Nord-Süd-Achse allein konnte den Wohlstand des Landes nicht mehr garantieren.

mehrere Wochen im voraus bekanntgegeben, und bis zum Start wurden immer neue Prognosen aufgestellt. Die Schiffe gingen ohne Fracht und ohne Passagiere ins Rennen. Die Kapitäne scheuten keine Opfer: Bei einem Rennen zwischen der *Eclipse* und der *A. L. Shotwell* ließ sich der Kapitän der letzteren sogar wegen besserer Windschlüpfrigkeit eine Glatze scheren! Jedenfalls wurde uns diese Anekdote von Mark Twain so überliefert.

Harter Job für harte Männer

Ende des 19. Jahrhunderts war die Holzflößerei auf dem Oberlauf des Mississippi ein blühendes Gewerbe. Man zählte zweitausend Flöße, die von den *paddle wheelers*, den Raddampfern, zu den Sägewerken geschoben wurden. Die Konvois mit Stämmen der Amerikanischen Rotkiefer wurden zu hundert Meter breiten und fünf- bis sechshundert Meter langen schwimmenden Verbänden zusammengefaßt.

Die Flößer waren nicht weniger rauhbeinig als die Mississippi-Schiffer. In einem ihrer Lieder heißt es: „He never shaved his whiskers / From off his horny hide / He drove them in with hammers / And chewed them off inside." (Er rasierte sich nie die Kotletten ab von der Lederhaut, er trieb sie rein mit dem Hammer und hat sie von innen abgekaut.)

Die Epoche der Eisenbahn bricht an

Der Bau der Eisenbahn versetzte dem Flußverkehr einen schweren Schlag. Sie veränderte die Verkehrsgeschichte Amerikas grundlegend. Die Nord-Süd-Achse verlor an Bedeutung, die Ost-West-Verbindung wurde die wichtigste Verkehrsader: Die Zeit der Eroberung des Wilden Westens war gekommen. Die Getreideladungen aus den Ebenen des Mittelwestens kamen nur noch selten zum Mississippi – sie wurden nun in den Waggons der Eisenbahn transportiert, deren Schienennetz in einem atemberaubenden Tempo vorangetrieben wurde.

Die Städte am Ufer des Mississippi, deren wirtschaftliches Wohlergehen bisher von der Dampfschiffahrt auf dem Mississippi abhängig gewesen war, erlebten einen tiefgreifenden Wandel. Sie stellten sich auf die Eisenbahn um und wurden zu Durchgangsstationen, wo man übernachten konnte. Wenn es eine

Auch heute noch veranstalten die legendären Steamboats einmal im Jahr eine Wettfahrt auf dem Mississippi. Und das Publikum ist genauso begeistert wie eh und je.

Heute hat der Mississippi seine große Bedeutung für den Transport von Wirtschaftsgütern zurückgewonnen. Schwimmende Konvois von Lastkähnen, die 400 Meter Länge haben können, werden von Schubschiffen, den Towboats, angetrieben.

Brücke gab, konnte man hier den Fluß überqueren. Der Handelsverkehr auf dem Fluß kam zum Erliegen. An die Stelle der luxuriösen Dampfer traten einfachere Schubschiffe mit starken Dieselmotoren, sogenannte Towboats, die mit dicken Stahltrossen vertäute Verbände von Baumstämmen vorantrieben.

Der Erste Weltkrieg und der Durchstich des Panamakanals gaben dem Verkehr auf dem Mississippi wieder Auftrieb, da die Straßen- und Eisenbahnverbindungen ausgelastet waren. Im Jahre 1917 erreichte das Dampfschiff *Sprague* mit sechzig Kohlenlastkähnen, die eine Fläche von 2,5 Hektar einnahmen, den Weltrekord. Im Jahre 1931 lag die von den Lastkähnen beförderte Tonnage auf dem Strom doppelt so hoch wie im besten Jahr des vorigen Jahrhunderts.

Die Renaissance des Flußverkehrs

Heute werden die Lastkähne zu festen Verbänden von mehr als 400 Meter Länge aneinandergekettet. Sie werden von Towboats angetrieben, die bis zu 10 000 PS haben können. Die schweren Konvois fahren flußauf bis Knoxville, wo Kohle aus Pennsylvania und West Virginia ankommt, die für die Kohlekraftwerke bestimmt ist, aber auch Tonerde, die von Baton Rouge aus in die Aluminiumhütten geschafft wird.

Obwohl der Missouri schwer zu bändigen ist, unternahm man große Anstrengungen, um ihn für Transportschiffe befahrbar zu machen. Nun können Schubverbände bis Sioux City und Helena hinauffahren. Im Jahre 1973 wurde der Arkansas auf nahezu 700 Kilometern zwischen seiner Mündung in den Mississippi und Tulsa auf die Großschiffahrt eingestellt.

Von den Großen Ebenen nach New Orleans

Getreide und Soja sowie das Öl dieser Pflanzen sind heute die wichtigsten Güter, die den Mississippi hinabtransportiert werden. Von den Farmen gelangen diese Produkte der Großen Ebenen per Eisenbahn in die Häfen, und am Ende ihrer Flußfahrt werden sie in New auf Schiffe umgeladen. Über New Orleans geht die Hälfte der Getreideexporte der USA in alle Welt. Überdies hat die Ölförderung im Golf von Mexiko den Unterlauf des Mississippi in einen Korridor der Petrochemie verwandelt.

Ganz oben:
Venice im Delta ist bekannt für seine Krabbenfischerei.

Oben:
Die Arbeit auf den Lastkähnen ist schwer und erfordert viel Kraft und Ausdauer.

Dies ist das gängige Bild vom Mississippi: Unzählige Konvois von Lastkähnen auf einem friedlichen Fluß, dessen Strömung an sehr vielen Stellen reguliert wird. Doch der Schein trügt: Der „launische Alte" bescherte seinen Anrainern schon so manche böse Überraschung. Natürlich hat sich die Sicherheit der Schiffahrt seit der Zeit, als der junge Mark Twain auf dem Mississippi fuhr, wesentlich verbessert. Doch die Kapitäne sind trotz der hervorragenden technischen Ausstattung ihrer Schiffe immer noch vorsichtig – mit gutem Grund.

Allein im Jahre 1960 lag die auf dem Fluß transportierte Tonnage bei 70 Millionen Tonnen – in den letzten dreißig Jahren hat sie sich versechsfacht. Die jüngste Generation von Flußfahrzeugen, die *booster rockets* (Beschleunigungsraketen) genannt werden, rasen in atemberaubendem Tempo über das Wasser.

Sicherheit auf dem Fluß

Über die Sicherheit der modernen Schiffahrt wäre Mark Twain wahrscheinlich erstaunt: Elektronische Sonden, Radar, Echolot, ausgefeilte Antriebs- und Lenksysteme machen es den Steuermännern am Ende des 20. Jahrhunderts leicht. Der Strom ist ausgeschildert, Feuer und Bojen leuchten zur Markierung der Fahrrinne. In engen Durchfahrten und schwierigen Biegungen verständigen sich die Kapitäne per Funktelefon, um ungehindert aneinander vorbeizukommen. In den Biegungen verlangt das Manövrieren dieser schwimmenden Monster aber immer noch großes Können. Auflaufen und Schiffbruch sind zwischen Saint Louis und Cairo heute selten – und gerade dieser Abschnitt hatte im 19. Jahrhundert den Ruf eines Wrackfriedhofs.

Das Risiko bleibt

Doch trotz der Anstrengungen des Menschen bleibt der Mississippi launenhaft und unberechenbar. Seine gefürchteten Hochwasser können die gesamte Wirtschaft lahmlegen und eine ganze Region versinken lassen. Der „Vater des Wassers", dessen Zorn die Indianer respektierten und dessen Überflutungen sie fürchteten, ist auch für die Weißen unkontrollierbar geblieben.

Auf der Karte sieht der majestätische Strom aus wie ein verehrungswürdiger Baum, der sich über ein Becken erstreckt, das manche den „Leib der Nation" nennen. Sein Bett ist zuweilen schlammig und tief und hat häufig verborgene Hindernisse. Ungerührt nimmt er alle Niederschläge auf. Unbeirrbar bahnt er seinen Fluten einen Weg, formt Mäander, verweilt in verschlungenen Biegungen, um sich schließlich langsam mit dem Salzwasser des Golfs von Mexiko zu vermischen. Zumeist gibt sich „Old Man River" ein harmloses Aussehen, aber im Laufe der Jahrhunderte haben es die Menschen, die seinen Zorn zu spüren bekamen, gelernt, seinen stillen Wassern zu mißtrauen.

Ein den Mississippi hinauffahrender Lastkahn in der Nähe der Ohio-Mündung. Auf diesem Abschnitt fahren die meisten Transportschiffe. Die Vergnügungsfahrten finden dagegen vor allem auf dem unteren Mississippi statt.

Deftig und exquisit: Die Küche der Cajuns

Ein echter Cajun kann „lauter lachen als die Leute aus dem Norden" und „pikanter würzen als die Leute aus dem Süden". Die reiche Auswahl an kulinarischen Spezialitäten entspricht der Vielfalt der kulturellen Einflüsse, die im Süden Louisianas wirksam wurden. In der Küche der Cajuns finden sich einträchtig beisammen: indianische Kräuter, Gewürze aus Spanien oder von den Antillen, französische Saucen, italienische Tomaten, deutsche Wurstwaren und schließlich afrikanische Okras. Die Speisen sind reichhaltig und fein zugleich.

Der Geschmack der Alten Welt

Die Akadier waren Bauern und Viehzüchter. Als sie in der zweiten Hälfte des 18. Jahrhunderts nach Louisiana kamen, brachten sie ihre Grundnahrungsmittel (Weizen, Mais und Äpfel) mit und pflanzten sie in unmittelbarer Nachbarschaft zu den Reis- und Rohrzuckerfeldern der bereits anwesenden Siedler an. Die Akadier und ihre Nachkommen bewahrten die kulinarische Tradition ihrer französischen Vorfahren. Es ist also keineswegs verwunderlich, wenn man in der Küche der Cajuns heute noch europäische Einflüsse entdeckt.

In der ersten Zeit bestand die tägliche Mahlzeit der Akadier aus einem kräftigen Essen ohne jegliche Raffinesse. Die Landarbeiter brauchten reichhaltige Mahlzeiten, und so warf man alle Zutaten in einen großen Kessel, in dem die Suppe und das Fleisch gleichzeitig gekocht wurden.

Neue Kräuter und Gewürze

Der Mehlschwitze, die auch heute noch die Basis fast aller Gerichte ist, wurden Zwiebeln zugesetzt. So steht es in den Kochbüchern zur Cajun-Küche bis heute. Ursprünglich typisch französischen Saucen wurde das beigegeben, was das Land zu bieten hatte: Gewürze, die bei den Akadiern verschwenderisch eingesetzt wurden, sowie aromatische Wildkräuter, die man von den Indianern übernommen hatte. Natürlich lebte man vor allem von den Produkten der bescheidenen Landwirtschaft: Geflügel, Käse, Butter, Dickmilch und Getreide. Brot und Pfannkuchen bestrich man gern mit Ahornsirup oder Melasse.

Austern, Krabben-Gumbo und gemischter Salat. Was will man mehr?

Zwar hatten die Cajuns Tag für Tag mit der beschwerlichen Seite der sumpfigen Bayous zu kämpfen, aber sie verstanden es auch, der eher unwirtlichen Umwelt schöne Seiten abzugewinnen: So entwickelten sie sich beispielsweise zu begeisterten Anglern.

Konservierungsmethoden

Fische, die nicht gleich gegessen wurden, legten sie in Salz ein. Später begannen sie, die Fische zu räuchern, ebenso das Wild. Da sie Schweine hielten, gab es nie Mangel an allen möglichen Würsten. Von den Indianern hatten sie gelernt, alle Körperteile des Tieres nutzbringend zu verwenden: Bald gehörten Kaldaunen, die verschiedensten Wurstsorten – auch Blut- und Schlackwurst – zum Jambalaya- oder Gumbo-Gericht.

Nach ihrer Ankunft hatten die Akadier in Louisiana Unmengen von Apfelbäumen gepflanzt, tranken sie doch fürs Leben gern Apfelwein, den Cidre. Doch die Apfelbäume gediehen in diesen Breiten schlecht. Also tranken sie Bier – heute das beliebteste Getränk der Akadier. Was Kaffee angeht, so wäre der berühmte Café brûlot zu erwähnen, eine „bri-sante" Mischung aus Cognac, Gewürznelken, Orange, Zitrone, Zimt und Zucker.

So traditionell die Cajun-Küche auch sein mag – sie bietet doch unzählige Möglichkeiten individueller Abwandlung. Heute gibt es Gerichte, die den Ansprüchen auch des verwöhntesten Feinschmeckers gerecht werden: Austern „natur", Krebssuppe, gedünstete Krabben, gegrillte Schweinsohren, Froschschenkel, Erbsensuppe, Krapfen, Pralinen…

Die Cajuns haben sich die Improvisationskunst ihrer Vorfahren bewahrt. Wenn sie fremde Gerichte übernahmen, so wurden diese mit Einfallsreichtum weiterentwickelt. Das gilt ganz besonders für zwei berühmte Gerichte des Südens: den Gumbo, einen vielseitigen Eintopf, und die Jambalaya, eine Abwandlung der spanischen Paella.

Gumbo und Jambalaya

Gumbo wurde mit Paprika, Würsten, Krebsen aus den Bayous und einer Mehlschwitze angereichert. Auch die Jambalaya wurde verändert: Früher wurde sie mit zerstampften Fenchelholzblättern (Sassafras) gewürzt. Heute findet man für die Jambalaya die unterschiedlichsten Rezepte; im allgemeinen hat Paprika die Fenchelholzblätter abgelöst.

Es ist immer wieder beeindruckend zu sehen, wie gut die Akadier mit dem Leben in den Bayous zurechtgekommen sind. Und genau diese Anpassungsfähigkeit spiegelt sich in ihrer Küche wider.

Beliebter Durststiller der Cajuns im Sommer: Wassermelonen

Die Nahrungsmittel der neuen Heimat

Die Gastronomie der Cajuns hatte lange Zeit zwei Schwerpunkte. Zum einen war da alles, was der Fluß so zu bieten hatte: Krabben, Garnelen und Austern. Fische spielten erstaunlicherweise eine weniger bedeutende Rolle, auch wenn viele Cajuns für ihr Leben gern angeln gehen. Zum anderen waren da die schier unerschöpflichen Wildbestände des Mississippi-Deltas. Besondere Erwähnung verdienen in diesem Zusammenhang die Nagetiere. Vor allem Biberfleisch war und ist heute noch sehr begehrt. Früher wurde auch das Fleisch von Eichhörnchen und Bisamratten von den Cajuns keineswegs verschmäht.

Außerdem beherbergt das Delta eine schier unerschöpfliche Vielfalt an Vögeln: Stockenten, Wildgänse, Wachteln und Schnepfen. Neben der Aufzucht bot sich den Cajuns auch die Jagd. Daher gab es als besonderen Festbraten das Fleisch des Weißwedelhirschs. Dieses Tier war die Herausforderung schlechthin für den leidenschaftlichen Jäger.

Wurstwaren sind eine der Grundlagen der Cajun-Küche.

Alligatoren im Nobelrestaurant

Alligatorenfleisch steht auf der Speisekarte so mancher Feinschmecker-Restaurants in New Orleans ganz oben. Gemüse in Form von Süßkartoffeln und Bohnen ist fester Bestandteil der täglichen Mahlzeiten der Cajuns, alles meist zubereitet mit Soja, Mais, Reis oder Rohrzucker. Und was wäre ein Kuchen in Louisiana ohne Pekannüsse und ein Pudding ohne Maissirup?

Es ist allgemein bekannt, schreibt ein Autor unserer Tage aus Louisiana, daß die Cajuns „in der Musik die Geige und das Akkordeon sehr schätzen, in der Suppe den Pfeffer, zum Fleisch die Garnelen, bei den Nachbarn die Geselligkeit und bei sich zu Hause die Liebe". Sie sind ganz eindeutig den Freuden des Lebens zugeneigt. Bei einem guten Essen unter Freunden vergessen sie die Sorgen des Alltags.

Die Feste feiern, wie sie fallen

Im akadischen Kalender ist jeder Festtag einem bestimmten Tier oder einer bestimmten Pflanze gewidmet. Und irgendwie schaffen es die Cajuns, genügend Zeit und Muße aufzubringen, um die Gaben der Natur zu genießen, die ihnen die Erde Louisianas und die Bayous gewähren.

Das Krebs-Fest feiert man in den ersten Maitagen, die Garnele Anfang September. Und da der Alligator, dessen Jagd heute streng reglementiert ist, seit Jahrzehnten fester Bestandteil der akadischen Küche ist, wird Mitte Oktober eben auch sein Fest gefeiert. Und selbst für die scharfe Tabasco-Soße ist ein Festtag reserviert. Ein solches Fest ist stets eine Gelegenheit, Freunde oder Familienangehörige einzuladen.

Die großen Schlachtfeste finden jedes Jahr in den Wochen vor

In Louisiana treffen viele kulinarische Traditionen aufeinander, vor allem die der Cajuns, Kreolen und Afrikaner. Ein Eldorado für den Gewürz-Fan!

Beginn der Fastenzeit statt und haben bei den Cajuns eine lange Tradition. Aus dem Schweineblut wird die bei den Cajuns so beliebte Blutwurst hergestellt. Da diese Wurst nicht im Handel verkauft werden darf, wird sie von der Familie selbst gegessen.

Froschschenkel im September
Der Rohrzucker, die Pralinen und Frösche dürfen im Festkalender nicht fehlen: In der Gemeinde New Iberia findet alljährlich im Mai das Pralinenfest statt, Ende September dann das Rohrzuckerfest. Zu Ehren des Frosches wird jedes Jahr im September ein Jahrmarkt mit Froschwettrennen veranstaltet. Die dort angebotenen Froschschenkel sollen so groß sein wie Hähnchenbeine.

Rezepte

Da die Cajuns dem kulinarischen Genuß sehr zugeneigt sind, lohnt es sich, einige ihrer Gerichte zu probieren. Man muß dazu nicht unbedingt eines der Restaurants von New Orleans besuchen, sondern kann das eine oder andere Gericht zu Hause nachkochen.

Jambalaya
Für 4 bis 6 Personen

- 125 g Frühstücksspeck in Scheiben, in Streifen geschnitten
- 1/2 Tasse feingehackte Zwiebeln
- 2 grüne Paprikaschoten, in Streifen geschnitten
- 200 g Reis, ungekocht
- 1 TL Knoblauch, feingehackt
- 500-g-Dose Tomaten, abgetropft und grobgehackt
- 1/2 TL Thymian
- 1 TL Salz
- frisch gemahlener schwarzer Pfeffer
- 1/2 l Hühnerbrühe
- 250 g gekochter Schinken, in Streifen geschnitten
- 500 g Shrimps (gibt es tiefgefroren im Supermarkt)
- 1 EL frischgehackte Petersilie

Den Backofen auf 175° vorwärmen. In einer Kasserolle den Speck braten, bis das Fett ausgelassen ist; herausnehmen. Zwiebeln in das Fett geben und glasig schmoren. Paprikastreifen hinzufügen. Wenn sie etwas weich

Flußkrebsschwänze mit Süßkartoffeln sind in Louisiana sehr beliebt.

geworden sind, den Reis hineingeben. Bei mäßiger Hitze umrühren, bis die Körner quellen. Knoblauch, Tomaten, Speck, Thymian und eine Prise Pfeffer in die Kasserolle geben und alles gründlich vermischen. Die Brühe hineingeben und zum Kochen bringen. Schinken hinzufügen und rühren. Die Kasserolle zudecken und in den Ofen stellen. Nach 10 Minuten die Shrimps hineingeben und unter den Reis drücken. Zugedeckt weiterbacken, bis die Flüssigkeit aufgesaugt und der Reis weich ist. Mit Petersilie garnieren. In der Kasserolle servieren.

Gemüse-Gumbo mit Krebsen
Für 4 Personen

- 20 mittelgroße Flußkrebsschwänze
- 1,5 l Brühe mit Schuß Weißwein
- 200 ml Speiseöl
- 1 feingehackte Knoblauchzehe
- 1 große Zwiebel, in dünne Scheiben geschnitten
- 1000 g Mangoldblätter
- 1000 g frischer Spinat
- 1 große Prise Cayennepfeffer
- Pfeffer und Salz

Die Flußkrebsschwänze in die kochende Brühe geben und etwa 20 Minuten kochen lassen. In der Zwischenzeit Mangold und Spinat waschen, mit einem Tuch trocknen und kleinhacken. Das Öl in eine große Pfanne geben und langsam erhitzen. Den Knoblauch und die Zwiebel zugeben und weichdünsten. Den Spinat hinzufügen und das Ganze unter gelegentlichem Rühren dünsten. Die Flußkrebsschwänze aus der Brühe nehmen und auf einem Teller beiseite stellen. Die Hälfte der Brühe über Spinat, Knoblauch und Zwiebel gießen. Den Mangold zugeben, alles gut durchrühren, mit Pfeffer, Salz und Cayennepfeffer würzen und eine gute Stunde bei schwacher Hitze dünsten. In den letzten Minuten die Krebsschwänze auf das Gemüse legen, damit sie wieder warm werden. Das Gemüse auf eine Platte geben und die Krebsschwänze rundherum auf den Plattenrand legen.

Ein Gumbo kann ganz unterschiedlich zubereitet sein – hier als Fleisch-Gemüse-Eintopf mit Reis-Beilage. Dazu ein kräftig gewürzter *café brulôt*.

Viele Restaurants in New Orleans sind auf die Cajun-Küche spezialisiert. Deren Köstlichkeiten darf man sich als Tourist auf keinen Fall entgehen lassen.

Als Beilage empfehlen sich die bei den Cajuns sehr beliebten Mais-Pfannkuchen, die hier Couche-Couche genannt werden.

Roux – die unverzichtbare Mehlschwitze

Die Mehlschwitze ist Grundlage fast aller Gerichte. Sie bindet die Zutaten, gibt Feuchtigkeit und Aroma und ist nicht gerade kalorienarm. Aber sie gehört dazu! Speiseöl, Mehl und Zwiebeln sollte man also stets im Haus haben.

Ergibt die Grundlage für 250 ml weiße Sauce.

- 2 El Speiseöl
- 2 gehäufte EL Mehl
- 1 kleine, in feine Würfel geschnittene Zwiebel

Das Öl in einer kleinen Pfanne erhitzen, anschließend unter ständigem Rühren mit einem Holzlöffel das Mehl hinzufügen. Weiterrühren, bis das Mehl langsam eine bräunliche Farbe annimmt. Dies ist der kritische Moment, da das Mehl auf gar keinen Fall anbrennen darf – sonst ist die Mehlschwitze verdorben. Die Zwiebelwürfel dazugeben und unter ständigem Rühren bei schwacher Hitze dünsten. Wenn die Würfel glasig sind, die Mehlschwitze vom Herd nehmen.

Natürlich gibt es für die Zubereitung der Mehlschwitze zahlreiche Varianten. Statt des Pflanzenöls kann man auch Butter oder Schweineschmalz nehmen. Entscheidend für die Weiterverarbeitung der Mehlschwitze ist natürlich, wofür man sie verwenden will. Mit Flüssigkeit aufgefüllt, ergibt sie unterschiedliche Saucen, zum Beispiel eine Béchamelsauce oder eine weiße Sauce für Ragouts, Frikassees und Eintöpfe. Für die hellbraune Mehlschwitze läßt man das Öl und das Mehl etwas länger auf dem Herd; eine ideale Grundlage für Geflügelgerichte. Besonders gründliches Rühren ist bei der dunkelbraunen Mehlschwitze angeraten, damit sie nicht anbrennt. Die dunkelbraune Mehlschwitze empfiehlt sich für kurzgebratenes Fleisch und gebratenen Speck.

Und wer gar kein Vertrauen in seine Kochkünste hat, kann sich auch eine kleine Dose Mehlschwitze aus Louisiana mitbringen (lassen). Es gibt sie dort in jedem Lebensmittelgeschäft.

Austernsuppe
Für 6 Personen

- 3 Dutzend frische Austern mittlerer Größe mit ihrem Saft
- 750 ml fettarme Milch
- 200 ml flüssige Sahne
- 1 große Prise Salz
- 1 große Prise Pfeffer
- Knoblauch-Croûtons
- frischgehackte Petersilie

Die Milch mit der Sahne zum Kochen bringen und vom Herd nehmen. Die Austern öffnen und den Saft wegen kleiner Schalenreste durch ein feines Sieb geben. In einem zweiten Topf die Butter im Austernsaft zum Schmelzen bringen. Die Austern mit der Messerspitze von der Schale lösen, zum Austernsaft mit der geschmolzenen Butter geben und so lange erhitzen, bis die Austern sich wellen. Die Haut von der Milch-Sahne-Mischung abnehmen und die Austern mit der Flüssigkeit einrühren. Mit Salz und Pfeffer würzen. Die Suppe noch einmal erhitzen, aber nicht zum Kochen bringen. In kleinen Schalen servieren. Knoblauch-Croûtons und frischgehackte Petersilie darüberstreuen.

ZEITTAFEL

1519 Der Spanier Álvarez de Pineda entdeckt einen Fluß und nennt ihn Río Grande del Espíritu Santo. Es handelt sich vermutlich um den Mississippi.

1528 Der Spanier Cabeza de Vaca unternimmt eine Forschungsreise ins Delta-Gebiet des Mississippi.

1539–1542 Expedition unter der Leitung des Spaniers Hernando de Soto, des Gouverneurs von Kuba. Er erreicht mit 500 Mann den Mississippi. Auf der Rückreise stirbt de Soto.

1628 Eine französische Expedition unter der Führung von Jean Nicolet erreicht den Oberen See und fährt die Flüsse Wisconsin und Fox hinauf zum Michigan-See.

1673 Louis Jolliet und der Jesuitenpater Jacques Marquette, zwei Franko-Kanadier, starten vom Michigan-See aus zu einer Expedition zum „Großen Fluß" und entdecken bei dieser Gelegenheit den Missouri.

1680 Der Jesuitenpater Louis Hennepin soll die Mississippi-Quelle ausfindig machen. Er entdeckt die heute zu Minneapolis gehörenden Wasserfälle von Saint Anthony.

1681 Erste Expedition des Franzosen Robert de La Salle. Er entdeckt Louisiana und den unteren Mississippi einschließlich des Deltagebiets.

1682 Robert de La Salle nimmt im Namen des französischen Königs Ludwigs XIV. Louisiana in Besitz.

1684–1687 Robert de La Salle will den Mississippi vom Delta aus hinauffahren. Die Suche nach der Flußmündung verläuft ergebnislos; 1687 wird er von seinen eigenen Leuten umgebracht.

1698 Pierre Le Moyne d'Iberville landet mit 200 Siedlern am Mississippi und gründet Biloxi, die erste Hauptstadt Louisianas.

1711 Gründung von Mobile, der zweiten Hauptstadt Louisianas.

1713 Im Frieden von Utrecht tritt Frankreich Akadien (heute Nova Scotia in Kanada) an England ab.

1717 Gründung von La Nouvelle-Orléans. Zum Schutz vor Überschwemmungen wird die Stadt eingedeicht.

1719 Aus Afrika treffen Schiffe mit den ersten 500 Negersklaven ein.

1722 New Orleans wird dritte Hauptstadt der französischen Kolonie Louisiana.

1755 Alle Akadier, die sich weigern, die englische Oberhoheit anzuerkennen, werden verschleppt.

1762 Im Geheimabkommen von Fontainebleau tritt Frankreich das westliche Louisiana einschließlich New Orleans an Spanien ab.

1763 Nach dem Siebenjährigen Krieg verzichtet Frankreich im Frieden von Paris zugunsten der englischen Krone auf das östliche Louisiana.

1765–1770 In Louisiana entsteht eine akadische Kolonie.

1776 Am 4. Juli wird die amerikanische Unabhängigkeit erklärt. Sie wird 1783 in Versailles vertraglich besiegelt.

1789 George Washington wird Präsident der Vereinigten Staaten. Er wird 1792 erneut gewählt.

1800 Im Geheimvertrag von San Ildefonso tritt der spanische König Karl IV. seine Besitzungen in Louisiana wieder an Frankreich ab.

1801 Thomas Jefferson wird Präsident der USA.

1803 Napoleon verkauft Louisiana an die Vereinigten Staaten für 15 Millionen Dollar („Louisiana Purchase").

1803–1806 Lewis und Clark starten von Saint Louis aus zu einer Expedition in den Nordwesten der USA.

1805–1807 Zebulon Pike erforscht die Flüsse Arkansas und Colorado.

1807 Die von Robert Fulton konstruierte *Clermont* fährt als erstes Steamboat (Dampfschiff) auf dem Hudson.

1811 Die *New Orleans* ist das erste Steamboat auf dem Mississippi.

1820 Im Abkommen von Missouri wird der Breitengrad 36°30' als Grenze für die Sklaverei festgelegt. Nördlich dieser Linie ist sie verboten.

1823 Der Italiener Costantino Beltrami fährt den Mississippi bis nach Minnesota hinauf. Er stößt auf einen kleinen See, den er für die Quelle hält.

1824 Der amerikanische Kongreß veranlaßt umfangreiche Arbeiten zur Sicherheit der Mississippi-Anrainer. Detaillierte Karten werden erstellt.

1832 Die Amerikaner Henri Schoolcraft und Zebulon Pike kommen auf der Suche nach der Mississippi-Quelle bis zum Beltrami-See, den sie Itasca-See taufen.

1836 Die Indianer aus Louisiana werden nach Oklahoma zwangsumgesiedelt.

1842 John Frémont startet von Saint Louis aus eine Expedition zu den Rocky Mountains. Er vermittelt ein idyllisches Bild vom Wilden Westen, das viele Siedler dazu ermuntert, den Weg in den Westen zu wagen.

1846 Geburt von William Frederick Cody, dem späteren Buffalo Bill.

1859 John Brown, ein überzeugter Gegner der Sklaverei, versucht in Virginia einen Sklavenaufstand zu organisieren.

1860 Im Auftrag des Pony Express legt der erste berittene Bote die Strecke zwischen Saint Joseph und San Francisco in zehn Tagen zurück.
Abraham Lincoln wird zum amerikanischen Präsidenten gewählt.
Ende Dezember tritt South Carolina aus der Union der Vereinigten Staaten aus.

1861 Elf Südstaaten sagen sich los und gründen eine Konföderation. Es kommt zu den ersten Kampfhandlungen des amerikanischen Bürgerkrieges.

1863 Nach anfänglichen Siegen der Konföderierten wendet sich das Kriegsglück. Die Union erringt einen Sieg nach dem anderen (Gettysburg in Pennsylvania, Vicksburg am Mississippi).

1864–1867 Kriegerische Auseinandersetzungen mit den Cheyenne, den Arapaho und den Sioux.

1865 Ermordung Präsident Lincolns. Ende des amerikanischen Bürgerkrieges und Abschaffung der Sklaverei.

1867–1868 Der amerikanische Kongreß ordnet Maßnahmen zum Wiederaufbau des Südens an.

1869 Die erste transkontinentale Eisenbahnstrecke der USA ist fertig, als die Schienen der Union Pacific und der Central Pacific miteinander verbunden werden.

1870 „Wettrennen der Giganten" auf dem Mississippi zwischen den Raddampfern *Robert E. Lee* und *Natchez*. 10000 Menschen schauen zu. Die *Robert E. Lee* siegt.

1876 Mark Twain veröffentlicht *Tom Sawyers Abenteuer*.

1879 Gründung der Mississippi River Commission. Sie ist zuständig für die Flußregulierung und die Deichbauten.

1883 Erste Aufführungen von Buffalo Bills „Wild West Show" in Omaha, Nebraska.

1889–1890 Letzter Indianerkrieg mit dem Massaker am Wounded Knee.

1891 Jacob Brower gründet im Quellgebiet des Mississippi das Naturschutzgebiet Itasca State Park.

1896 Der oberste Gerichtshof der USA schafft die gesetzlichen Grundlagen für die Rassentrennung (Segregation).

1900 Louis Armstrong wird am 4. Juli in New Orleans geboren.

1901 In Louisiana wird Erdöl entdeckt.

1909 Die Chippewa unterzeichnen in Washington einen Vertrag, in dem ihnen das Recht auf ein Reservat um den Red Lake – im Quellgebiet des Missisippi – zuerkannt wird.

1910–1920 In New Orleans spielen die ersten Jazzbands.

1917 Erste Plattenaufnahmen mit Dixieland-Musik in New Orleans.

1922 Der junge Ralph Samuelson fährt auf dem Pepin Lake Wasserski. Er wird von einem Wasserflugzeug gezogen.

1925 Francis Scott Fitzgerald veröffentlicht *Der große Gatsby*.

1927 Charles Lindbergh startet mit dem Eindecker *Spirit of St. Louis* zum ersten Allein- und Nonstopflug über den Atlantik.
Schwere Überschwemmungen am Mississippi. 67300 Quadratkilometer Land stehen unter Wasser.

1947 Tennessee Williams veröffentlicht sein Bühnenstück *Endstation Sehnsucht*.

1949 William Faulkner erhält den Nobelpreis für Literatur.

1965 Bau des 192 Meter hohen Stahlbogens „Gateway to the West" in Saint Louis, dem „Tor zum Westen".

1968 Martin Luther King wird in Memphis erschossen

1969 Zur Wiederbelebung der indianischen Kultur wird in Minneapolis das American Indian Movement ins Leben gerufen.

1971 Louis Armstrong stirbt am 6. Juli in New York im Alter von 71 Jahren.

1977 Elvis Presley stirbt am 16. August in Memphis im Alter von 42 Jahren.

1993 Verheerende Hochwasser am Mississippi, bisher die schlimmsten dieses Jahrhunderts.

BIBLIOGRAPHIE

Adams, Willi Paul:
Die Vereinigten Staaten von Amerika. Frankfurt/M 1977

Angermann, Erich:
Die Vereinigten Staaten von Amerika seit 1917.
München 1978

Beecher-Stowe, Harriet:
Onkel Toms Hütte.
Frankfurt/Main o. J.

Berendt, Joachim, Ernst:
Das große Jazzbuch.
Frankfurt/M 1982

Bierce, Ambrose:
Geschichten aus dem Bürgerkrieg. Zürich 1989

Blake, Jennifer:
Die Nacht über Louisiana.
München 1991

Blume, Helmut:
USA: Eine geographische Landeskunde. Darmstadt 1975

Bradley, John:
Zurück in Louisiana.
Zürich 1995

Braem-Kaiser, Elisabeth:
Tief im Süden Dixies.
Bremen 1960

Brown, Dee:
Begrabt mein Herz an der Biegung des Flusses.
Hamburg o. J.

Brownawell, Eva:
Die Amerikaner und ihr Krieg.
Stuttgart 1978

Copps, Benjamin:
Die Indianer. Amsterdam 1978

Catlin, George:
Die Indianer Nordamerikas.
Stuttgart 1994

Dauer, Alfons Michael:
Der Jazz: Seine Ursprünge und seine Entwicklung. Kassel 1958

DeLusa, Tony:
Das Ami-Kochbuch.
München 1995

Dos Passos, John:
USA-Trilogie.
Reinbek 1996

Douglas, Frederick:
Das Leben des Frederick Douglas als Sklave in Amerika.
Göttingen 1991

Faulkner, William:
Absalom, Absalom.
Hamburg 1948

Feibieman, Peter S.:
Das Mississippi-Delta.
Amsterdam 1978

Fitzgerald, F. Scott:
Der große Gatsby.
Zürich 1974

Franz, Alexander:
Die Kolonisation des Mississippitales bis zum Ausgang der französischen Herrschaft.
Leipzig 1906

Gobolt, Jim:
Die Welt des Jazz.
München 1993

Haley, Alex:
Wurzeln – Roots.
Frankfurt/M 1992

Hauber, Annette (Hrsg.):
That's Jazz: Der Sound des 20. Jahrhunderts.
Darmstadt 1988

Hiesinger, Ulrich:
Indianer in Nordamerika.
München 1994

Hofmeister, Burkhard:
Nordamerika.
Frankfurt/M 1970

Ireland-Kunze, Leah:
Der Bürgerkrieg in den USA.
Berlin 1989

Jeier, Thomas:
Die letzten Söhne Manitus.
Düsseldorf 1976

Jones, LeRoi:
Blues People: Schwarze und ihre Musik im weißen Amerika.
Darmstadt 1975

Jost, Ekkehart:
Sozialgeschichte des Jazz in den Vereinigten Staaten.
Hofheim 1991

Kunzler, Martin:
Das große Jazz-Lexikon.
Reinbek 1996

Lambert, Marjie:
Cajun Küche. Köln 1995

Lange, Horst H.:
Als der Jazz begann. Köln 1991

Landauer, Carl:
Sozial- und Wirtschaftsgeschichte der Vereinigten Staaten von Amerika.
Stuttgart 1981

Longfellow, Henry W.:
Evangeline, eine Erzählung aus Akadien.
Heidelberg 1947

Longstreet, Stephen:
Das war New Orleans: Ladies, Jazz und lange Messer.
Frankfurt/M 1969

Mitchell, Margaret:
Vom Winde verweht.
Hildesheim o. J.

O'Neil, Paul:
Die Flußdampfer.
Amsterdam 1980

Raeithel, Gert:
Geschichte der Nordamerikanischen Kultur.
Weinheim 1987-89

Redling, Julius:
Kleines USA-Lexikon.
München 1995

Sautter, Udo:
Geschichte der Vereinigten Staaten von Amerika.
Stuttgart 1976

Scharfenberg, Horst:
Die Küchen Amerikas.
Weil der Stadt 1990

Schulz, Phillip:
Amerika: Eine kulinarische Reise. München 1994

Schulze-Thulln, Axel:
Weg ohne Mokassins: Die Indianer Nordamerikas heute.
Düsseldorf 1976

Sidran, Ben:
Black Talk: Schwarze Musik.
Hofheim 1993

Trigger, Bruce G. (Hrsg.):
Handbook of North American Indians, vol. 15: Northeast.
Washington, D. C., 1978

Twain, Mark:
Tom Sawyers Abenteuer.
Frankfurt o. J.
Huckleberry Finns Abenteuer.
Frankfurt 1985
Leben auf dem Mississippi.
Frankfurt 1985

Tytell, John:
Leben, Liebe, Leidenschaft. Fünf Schriftsteller-Porträts (darin: F. Scott Fitzgerald und Zelda).
Reinbek 1995

Unger, Frank:
Amerikanische Mythen: Zur inneren Verfassung der Vereinigten Staaten.
Frankfurt/M 1988

Wehrle, Lothar:
Abenteuer Mississippi: Weltgeschichte am großen Strom.
München 1983

Williams, Tennessee:
Endstation Sehnsucht.
Frankfurt o. J.
Die Glasmenagerie.
Frankfurt 1987
Die Katze auf dem heißen Blechdach.
Frankfurt o. J.

Wittek, Erhard:
Mississippi-Saga.
Stuttgart 1967

Wright, Ronald:
Geraubtes Land: Amerika aus indianischer Sicht.
Braunschweig 1992

REGISTER

*Die **fettgedruckten** Zahlen beziehen sich auf Bildunterschriften*

ORIGINALAUSGABE:
COPYRIGHT
Projektleitung der Reihe: **Fabienne Pavia**
Assistentin: **Marion Giraud**
Autoren: **Nicolas de La Casinière und Fabienne Pavia**
Nathalie Mlekluz, Ghislain Loustalot, Cyril Drouhet
Layout: **Jacques Hennaux**
Graphische Gestaltung: **Isabelle Chojnacki**
Landkarte: **Dominique Herbert**

DEUTSCHE AUSGABE:
AFR text edition, Hamburg
Redaktion: Peter Alles-Fernandez, Dr. Heike Renwrantz, Hans Wichert
Aus dem Französischen von Berthold Galli

Wissenschaftliche Beratung: Prof. Dr. Dr. h. c. Gerd Hartmann
Wir danken Herrn Dr. F. Mielke, Amerika-Haus, Hamburg, für wertvolle Hinweise.

TIME-LIFE BÜCHER
Koordination der Reihe: **Francine Yvinec,** Time-Life, Paris
Leitung der deutschen Redaktion: **Marianne Tölle**

QUELLENNACHWEIS DER ABBILDUNGEN
Alle Fotos stammen von **Erik Sampers**, außer die im folgenden genannten:
Agence Gamma: S.90.
Agence Giraudon: S. 10 (oben); S. 11 (unten); S. 25; S. 30 (oben); S. 86 (oben).
Agence Jacana: S. 120 (oben und Mitte), Walker; S. 121 (oben links),
Lepore; S. 121 (oben rechts), Varin; S. 121 (unten), Cordier; S. 121 (Mitte), Leeson.
Agence Roger-Viollet: S. 7; S. 10 (unten); S. 11 (oben rechts); S. 12 (unten); S. 13 (oben);
S. 15 (Mitte und oben rechts); S. 16 (2 Fotos); S. 17 (oben); S. 20 (unten) S. 21 (oben);
S. 24 (2 Fotos) ; S. 26 (oben) ; S. 27 (unten) ; S. 31 (unten) ; S. 52 (Mitte und unten rechts);
S. 53 (3 Fotos); S. 60 (unten); S. 62 (2 Fotos); S. 64 (oben); S. 66 (3 Fotos);
S. 67 (oben und unten links); S. 70 (oben); S. 74 (Mitte und unten); S. 75 (3 Fotos);
S. 105 (oben); S. 106 (2 Fotos); S. 107 (unten rechts).
Beltrami County Historical Society: S. 15 (unten links); S. 40 (unten);
S. 42 (unten links und Mitte); S. 111 (unten, 2 Fotos); S. 120 (unten);
S. 122 (Mitte und unten); S. 123 (unten); S. 129 (oben).
Center for Southern Folklore: S. 94 (unten); S. 99 (oben); S. 100 (oben); S. 101; S. 103 (oben).
Cottonlandia Museum, Greenwood: S. 88 (Mitte und unten); S. 89 (3 Fotos); S. 128 (Mitte).
D. R.: S. 11 (oben links); S. 17 (unten); S. 30 (unten); S. 70 (unten).
Delta Queen Steamboat Company: S. 124 (unten); S. 134-135.
Effigy Mounds National Park: S. 54 (Mitte).
Graceland and Elvis Presley Enterprises, Inc. (Images of Elvis used by permission,
The Estate of Elvis Presley): S. 94 (oben); S. 95 oben (3 Fotos) und unten (Mitte und rechts).
Mark Twain Museum, Hannibal: S. 107 (oben rechts und unten links).
Tourismus-Büro von New Orleans: S. 104 (unten); S. 132 (oben rechts) ; S. 133 (3 Fotos).
Old Court House Museum Collection, Vicksburg: S. 71(2 Fotos) ; S. 88 (oben); S. 91 (unten);
S. 122 (oben); S. 123 (Mitte); S. 128 (unten).
Vicksburg National Military Park: S. 63 (unten) ; S. 72 (oben); S. 73 (unten); S. 74 (oben).

Erik Sampers dankt Greg Norum von der Beltrami County Historical Society, Beverly Gianna von der New Orleans Metropolitan Convention, Patti Young und Tern Monaghan von der Delta Queen Steamboat Company, Peggy McCormick vom Cottonlandia Museum, Gordon Cotton vom Old Court House Museum, Judy Peiser vom Center for Southern Folklore, Earl Dickinson, Kath ryn Beaulieu vom Red Lake Band of Chippewa Indians und John Edman vom Mississippi River Country für ihre Unterstützung bei der Bildbeschaffung, außerdem François Duerinckx und der Northwest Airlines.

Lizenzausgabe für den
ECO Verlag GmbH, Köln / Eltville am Rhein, 1999

ISBN: 3 933 468 45 0

Farbreproduktion: SCAN 4, Barcelona, Spanien
Druck: Officine Grafiche DeAgostini, Novara
Bindung: Legatoria del Verbano, Gravellona